山东社会科学院出版资助项目

山东社会科学院出版资助项目

我国老年福利供给的碎片化及整体性治理

韩小凤 著

中国社会科学出版社

图书在版编目(CIP)数据

我国老年福利供给的碎片化及整体性治理 / 韩小凤著. —北京：中国社会科学出版社，2019.11
ISBN 978-7-5203-5408-0

Ⅰ.①我… Ⅱ.①韩… Ⅲ.①老年人—社会福利—研究—中国 Ⅳ.①D632.1

中国版本图书馆 CIP 数据核字(2019)第 233095 号

出 版 人	赵剑英
责任编辑	冯春凤
责任校对	张爱华
责任印制	张雪娇

出　　版	中国社会科学出版社
社　　址	北京鼓楼西大街甲 158 号
邮　　编	100720
网　　址	http：//www.csspw.cn
发 行 部	010-84083685
门 市 部	010-84029450
经　　销	新华书店及其他书店
印　　刷	北京君升印刷有限公司
装　　订	廊坊市广阳区广增装订厂
版　　次	2019 年 11 月第 1 版
印　　次	2019 年 11 月第 1 次印刷
开　　本	710×1000　1/16
印　　张	13
插　　页	2
字　　数	209 千字
定　　价	78.00 元

凡购买中国社会科学出版社图书，如有质量问题请与本社营销中心联系调换
电话：010-84083683
版权所有　侵权必究

ABSTRACT

Nowadays, aging population has become a common trend in the world. It is especially significant in China that the proportion of the aged population and the elderly dependency ratio has been extremely high. With the rise of aging population, the elderly welfare issues, including endowment insurance, elderly health, elderly care etc., have become heated ones for public policies and academic research in China. Therefore, it has become our common pursuit for the whole society to enhance the well-being of the elderly livelihood and satisfy the need of their better life. However, during the process of welfare provision for aged, it is inevitable that issues of fragmentation of welfare provision will take place, for instance, regional difference and imbalance of the arrangement of elderly welfare, separation and conflicts among administration departments as well as the restriction and dispersal of providers. To a certain degree, these issusses will correspond to the analysis of holistic governance.

Based on the analytical framework of holistic governance, i. e., hierarchical governance, functional governance and the construction of public-private partnership, together with the current states of elderly welfare provision, it is proposed in the present research that the analysis of the fragmentation of elderly welfare provision should be conducted in terms of the following three dimensions, i. e., regions, departments and subjects. Document analysis, case study and semi-structure interviews are employed. In the present research, fragmentation issues in the elderly welfare provision as well as their underlying reasons have been elaborated. Besides, the plans of holistic governance have been proposed. Centering upon this objective, this dissertation is mainly composed of the following sections.

Section One, i. e. , Chapter One provides the theoretically analytical tools for elderly welfare provision in China. Based on the origins of holistic governance theory, by reviewing the development of the theory and practice of western public administration, it is pointed out that the holistic governance theory is just the strategic response to the declining of traditional public administration and fragmentation issues brought about by the reforming of new public administration. Furthermore, this theory has become an efficient tool for analyzing the thorny public issues. Besides, three analytical dimensions for the issues of fragmentation of elderly welfare provision have been put forward in this section.

Section Two, i. e. , Chapter Two is dedicated to analyzing the historical evolution and practical embarrassments of the welfare provision for the aged in China. The welfare provision for the aged in China is developing towards the direction of social endowment for the aged led by the government after going through three different developing periods and has achieved significant achievements. However, the elderly welfare demands are always lacking the equivalent response during the interweaving process of industrialization, modernization and marketization. Meanwhile, it is obvious that the welfare levels and items enjoyed by the aged are unequal and unfair and that there is the fragmentation of elderly welfare provision.

Section Three, composed of Chapters Three, Four and Five, is devoted to elaborating the fragmentation of welfare provision for the aged in terms of regions, administration departments and providers based on the three dimensions of holistic governance theory.

Chapter Three——the regional fragmentation of elderly welfare provision in China, mainly focuses on the difference caused by the same system arranged in different regions. By analyzing the regional fragmentation of elderly welfare provision in China with concrete indexes, it is found that it is not only manifested in regional differences of system, but those of the welfare levels enjoyed by the aged. It is concluded that the regional fragmentation of elderly welfare provision in China is the dual outcome of the constant competition between the central and the local governments as well as the self-interests of the local government.

Chapter Four is dedicated to discussing the conflicts among the horizontal departments in governments by focusing on the interior sections of government. It is a fact that duties of elderly welfare provision in China have been assigned to many different functional departments. The system of meticulous division of labor will in turn result in the powers of functional departments and the fact that their abilities of resource integration will be limited. On the one hand, cooperation among different departments will be badly needed when more complicated issues are involved. On the other hand, conflicts and self-interests within departments will result in the fragmentation issues like barriers, conflicts and so on.

Chapter Five mainly centers upon the subject fragmentation of elderly welfare provision in China. This chapter is mainly devoted to analyzing functions and limits of subjects such as government, market, social organization, family and so on. It is concluded that a single welfare supply subject has already not been able to meet the needs of the diversities of elderly welfare supply demands. It is further proposed that the cooperative supply between governments and markets will offer a new solution to this issue. Based on the field survey of Tian Si Nursing Center in Jinan and Shan De Nursing Home, it is found that the model of public-private cooperative supply has been widely applied. However, subjects of public-private cooperative supply are not in equal status and the benign partnership has not developed.

Section Four, i. e. , Chapter Six mainly dwells upon the holistic governance of elderly welfare provision in China. The fragmentation of elderly welfare provision in China urges that government be reformed to improve the quality and response of service. It is pointed that fine tuning of systems has not been in a position to solve the fragmentation issues, instead, it may solidify the already existed routes. Therefore, it is badly needed that strategic objectives of holistic governance for elderly welfare provision be worked out and an overall plan for elderly welfare provision be made. It is proposed that fragmental welfare provision be integrated into a whole by reasonably assigning duties among different governmental sections. In this way can welfare resources can be optimized and the fairness in elderly welfare provision can be sought and extended. It is also put forward that on the condition that government takes the lead, functions of markets, social functions and families must be brought into full play. Based on the divisions of these subjects, public-private cooperative partnership should be constructed to achieve the objective of efficient provision of Welfare resources.

To summarize, centering upon the definition of elderly welfare in a broad sense, a holistic theoretical framework of elderly welfare provision has been constructed in the present research. Meanwhile, concrete reforming plans have been put forward. It is hoped that the present study will shed light on the further development of elderly welfare reform.

Key Words: Elderly Welfare; Welfare Provision; Fragmentation; Holistic Governance

目 录

ABSTRACT ………………………………………………………（1）
绪　论 ……………………………………………………………（1）
　　一　问题的提出与研究意义 ……………………………………（2）
　　　　（一）研究背景 ………………………………………………（2）
　　　　（二）研究问题 ………………………………………………（5）
　　　　（三）选题意义 ………………………………………………（8）
　　二　概念界定 ……………………………………………………（10）
　　　　（一）福利 ……………………………………………………（10）
　　　　（二）老年福利 ………………………………………………（14）
　　　　（三）碎片化 …………………………………………………（14）
　　三　文献综述 ……………………………………………………（16）
　　　　（一）整体性治理理论研究 …………………………………（17）
　　　　（二）老年福利供给研究 ……………………………………（21）
　　　　（三）文献评论 ………………………………………………（30）
　　四　研究思路与内容安排 ………………………………………（31）
　　　　（一）研究思路 ………………………………………………（31）
　　　　（二）内容安排 ………………………………………………（31）
　　五　研究方法与创新点 …………………………………………（33）
　　　　（一）研究方法 ………………………………………………（33）
　　　　（二）创新点 …………………………………………………（36）
第一章　老年福利供给分析的理论工具 ………………………（38）
　　第一节　整体性治理理论的缘起 ………………………………（38）
　　　　一　整体性治理的学术缘起 …………………………………（39）

二　整体性治理的现实渴求 …………………………………（44）
　　三　整体性治理的实践探索 …………………………………（46）
　第二节　整体性治理的逻辑架构 …………………………………（48）
　　一　整体性治理的对象定位："棘手问题" …………………（49）
　　二　整体性治理的对象特征：碎片化 ………………………（50）
　　三　整体性治理的目标指向：问题解决 ……………………（51）
　第三节　我国老年福利供给分析的理论框架 ……………………（54）
　　一　整体性治理理论适用性：我国老年福利供给问题的
　　　　特征 …………………………………………………………（54）
　　二　整体性治理理论的应用：我国老年福利供给问题的
　　　　分析维度 ……………………………………………………（56）
　本章小结 ………………………………………………………………（58）

第二章　我国老年福利供给的历史变迁与现实困境 ………………（60）
　第一节　我国老年福利供给模式的演变 …………………………（60）
　　一　从"家庭养老"到"去家庭化" ………………………（61）
　　二　从"国家—单位"养老到"去单位化" ………………（63）
　　三　政府主导的"社会化养老"格局形成 …………………（64）
　第二节　老年福利供给的碎片化困境 ……………………………（66）
　　一　整体性治理视阈下的碎片化问题厘定 …………………（66）
　　二　老年福利供给碎片化的表现 ……………………………（68）
　　三　案例分析："入狱养老"背后的老年福利供给困境 ……（74）
　本章小结 ………………………………………………………………（76）

第三章　我国老年福利供给的区域碎片化 …………………………（77）
　第一节　老年福利供给中的基本养老保险制度设计 ……………（77）
　　一　基本养老保险制度设计：从"人群分设"到"国民
　　　　身份" ………………………………………………………（78）
　　二　基本养老保险制度变迁的逻辑及其存在的问题 ………（80）
　　三　案例分析：养老金差距背后的老年福利区域失衡 ……（81）
　第二节　我国基本养老保险的区域差异与失衡 …………………（82）
　　一　基本养老保险制度的区域差异 …………………………（82）
　　二　基本养老保险区域差异的指标分析 ……………………（85）

第三节 基本养老保险供给区域碎片化的原因探究 …………（92）
  一　中央政府与地方政府财权和事权关系的变化 …………（93）
  二　中央与地方政府责权划分与养老保险区域碎片化 ……（98）
  三　地方机会主义导致的基本养老保险区域供给碎片化 …（101）
本章小结 ………………………………………………………………（101）

第四章　我国老年福利供给的管理部门碎片化 ……………………（103）
第一节　我国老年福利供给的政府部门设置 ………………………（103）
  一　我国老年福利供给的部门改革实践 ……………………（104）
  二　我国老年福利供给部门的复杂性 ………………………（106）
第二节　我国老年福利供给中部门的割裂与冲突 …………………（109）
  一　老年福利政策制定中部门的割裂与冲突 ………………（109）
  二　老年福利政策执行中部门的割裂与冲突 ………………（112）
第三节　自利与冲突：老年福利供给部门碎片化的原因探究 ……（113）
  一　老年福利供给中政府部门的自利性 ……………………（113）
  二　老年福利供给中政府部门间冲突 ………………………（116）
本章小结 ………………………………………………………………（117）

第五章　我国老年福利供给的主体碎片化 …………………………（119）
第一节　我国老年福利供给的主体及限度 …………………………（120）
  一　提供安全与保障的政府 …………………………………（120）
  二　追求利润与效率的市场 …………………………………（122）
  三　促进社会活跃的组织 ……………………………………（123）
  四　增进参与和团结的家庭 …………………………………（124）
第二节　我国老年福利供给中的公私合作实践 ……………………（126）
  一　政府与市场公私合作供给：以济南天思国际养老服
    务中心为例 ………………………………………………（127）
  二　政府与社会组织公私合作供给：以善德养老院为例 …（132）
  三　我国老年福利供给公私合作伙伴关系评析 ……………（138）
第三节　老年福利供给中制约公私合作的影响因素 ………………（140）
  一　社会观念环境的影响 ……………………………………（140）
  二　政策执行偏离预定目标 …………………………………（140）
  三　不同主体的职责边界模糊 ………………………………（141）

四　公私双方并未建立起平等的伙伴关系 …………………（142）
　本章小结 ……………………………………………………………（142）
第六章　我国老年福利供给的整体性治理 ………………………………（144）
　第一节　我国老年福利供给的价值追求 …………………………（144）
　　一　致力于老年福利的公平供给 …………………………………（145）
　　二　提升老年福利的供给效率 ……………………………………（147）
　　三　实现老年福利供给公平与效率的统一 ………………………（147）
　第二节　我国老年福利供给整体性治理的目标 …………………（148）
　　一　福利供给对象的全民性 ………………………………………（149）
　　二　福利供给内容的全面性 ………………………………………（150）
　　三　老年福利供给方式的多样性 …………………………………（151）
　第三节　我国老年福利供给整体性治理的路径选择 ……………（151）
　　一　我国老年福利供给的跨区域整合 ……………………………（151）
　　二　我国老年福利供给的跨部门整合 ……………………………（156）
　　三　我国老年福利供给的合作伙伴关系构建 ……………………（158）
　本章小结 ……………………………………………………………（161）
第七章　结论与展望 ………………………………………………………（162）
　第一节　主要研究结论 ……………………………………………（162）
　　一　整体性治理理论框架的本土化构建 …………………………（162）
　　二　我国老年福利供给的碎片化表现 ……………………………（163）
　　三　我国老年福利供给碎片化的根源 ……………………………（164）
　　四　我国老年福利供给的整体性治理 ……………………………（165）
　第二节　研究展望 …………………………………………………（165）
附录一　访谈提纲 …………………………………………………………（167）
附录二　论文中所用表格 …………………………………………………（169）
附录三　论文中所用图 ……………………………………………………（171）
参考文献 ……………………………………………………………………（172）

CONTENTS

English Abstract (1)

Introduction (1)

   1. Introduction of Problem and Research Significance (2)

      (1) Research Background (2)

      (2) Research Problem (5)

      (3) Research Significance (8)

   2. Definition of Concepts (10)

      (1) Welfare (10)

      (2) Elderly Welfare (14)

      (3) Fragmentation (14)

   3. Literature Review (16)

      (1) Holistic Governance Theory (17)

      (2) Elderly Welfare Provision Theory (21)

      (3) Literature Evaluation (30)

   4. Research Route and Article Structure (31)

      (1) Research Route (31)

      (2) Article Structure (31)

   5. Research Methods and Innvation Points (33)

      (1) Research Methods (33)

      (2) Innovation Points (36)

Chapter Ⅰ Theoretical Tool for the Analysis of Elderly Welfare Provision (38)

   1. Origin of Holistic Governance Theory (38)

（1）Academic Origin of Holistic Governance ……………… (39)
　　（2）Realistic Craving of Holistic Governance ……………… (44)
　　（3）Practice of Holistic Governance ………………………… (46)
　2. Logical Structure of Holistic Governance ………………… (48)
　　（1）Object Orientation of Holistic Governance: "Wicked Problem" ……………………………………………………… (49)
　　（2）Object Features of Holistic Governance: Fragmentation …… (50)
　　（3）Goal of Holistic Governance: Problem Solving ………… (51)
　3. Theoretical Framework of Chinese Elderly Welfare Provision …… (54)
　　（1）Applicability of the Holistic Governance Theory: Features of Chinese Elderly Welfare Provision ………………… (54)
　　（2）Application of the Holistic Governance Theory: Research Dimensions of Chinese Elderly Welfare Provision …… (56)
　Summary of the Chapter ………………………………………… (58)

Chapter Ⅱ　Historical Evolution and Realistic Dilemma of Chinese Elderly Welfare Provision ……………… (60)
　1. Evolution of Chinese Elderly Welfare Provision Pattern ………… (60)
　　（1）From "Family Support" to "De-familialization" ………… (61)
　　（2）From "State – Unit" to "De-unitization" ……………… (63)
　　（3）"Social Support" by Government ……………………… (64)
　2. Fragmentation Dilemma of Elderly Welfare Provision Pattern …… (66)
　　（1）Defining Fragmentation in the View of Holistic Governance ……………………………………………………… (66)
　　（2）Representation of Elderly Welfare Provision Fragmentation ……………………………………………………………… (68)
　　（3）Case and Discussion: the Dilemma of Elderly Welfare Provision in the Case of "Elderly Care in Prison" ………… (74)
　Summary of the Chapter ………………………………………… (76)

Chapter Ⅲ　Region Fragmentation of Chinese Elderly Welfare Provision ……………………………………………… (77)
　1. The Design of Basic Old-age Insurance System ………………… (77)

(1) From "Classification Based on Work Post" to "National Identity" ……………………………………… (78)
(2) Logic and Problems in the Evolution of Basic Old-age Insurance System ……………………………………… (80)
(3) Case and Discussion: Region Imbalance of Elderly Welfare behind the Gap of Pension ……………………… (81)
2. Region Fragmentation of Chinese Basic Old-age Insurance …… (82)
(1) Region Differences of Chinese Basic Old-age Insurance System ……………………………………………………… (82)
(2) Index Analysis of Region Differences ……………………… (85)
3. Reasons for Region Fragmentation of Basic Old-age Insurance ……………………………………………………………… (92)
(1) Changes of Financial and Governmental Authorities between Central and Local Governments ……………………… (93)
(2) Responsibilities and Authorities between Central and Local Governments ……………………………………………… (98)
(3) The Self-Interests of the Local Government ……………… (101)
Summary of the Chapter ……………………………………………… (101)

Chapter Ⅳ　Department Fragmentation of Chinese Elderly Welfare Provision ……………………………………… (103)
1. Government Departments of Chinese Elderly Welfare Provision ……………………………………………………………… (103)
(1) The Reform of Government Departments of Elderly Welfare Provision …………………………………………… (104)
(2) Complexity of Government Departments of Elderly Welfare Provision …………………………………………… (106)
2. Rupture and Conflict in the Departments of Elderly Welfare Provision ……………………………………………………… (109)
(1) Department Fragmentation in Policy Making of Elderly Welfare ……………………………………………………… (109)
(2) Department Fragmentation in Policy Implementation of

　　　　Elderly Welfare ································· (112)
　3. Self-interest and Conflicts: Reasons for Department Fragmentation of Elderly Welfare Provision ················ (113)
　　（1）Self-interest of Departments in Elderly Welfare Provision ··· (113)
　　（2）Conflicts among Departments in Elderly Welfare Provision ·· (116)
　Summary of the Chapter ································ (117)
Chapter V　Subjects Fragmentation of Chinese Elderly Welfare Provision ································ (119)
　1. Subjects and Limitations of Chinese Elderly Welfare Provision ······ (120)
　　（1）Government Providing Safety and Security ············ (120)
　　（2）Market Pursuing Profit and Efficiency ················ (122)
　　（3）Organisation Promoting Social Liveliness ············· (123)
　　（4）Family Enhancing Participation and Solidarity ··········· (124)
　2. Public-private Partnership Practice in Chinese Elderly Welfare Provision ································ (126)
　　（1）Government – Market Partnership Provision: the Example of Tian Si Elderly Service Center in Jinan ············ (127)
　　（2）Government – Social Organisation Partnership Provision: the Example of Shan De Elderly Service Center ······ (132)
　　（3）Comments on Subjects' Partnership of Chinese Elderly Welfare Provision ································ (138)
　3. Factors that Restrict Public – Private Partnerships in Chinese Elderly Welfare Provision ···················· (140)
　　（1）Social Notion ································ (140)
　　（2）Separation between Policy Text and Practice ··········· (140)
　　（3）Obscure Boundaries of Responsibility among Subjects ········ (141)
　　（4）Lack of Foundation of Equal Cooperation, One-way Cooperation ································ (142)
　Summary of the Chapter ································ (142)
Chapter VI　Holistic Governance of Chinese Elderly Wel-

fare Provision .... (144)
1. Value Pursuit of Chinese Elderly Welfare Provision .... (144)
  (1) Emphasis on Equity of Elderly Welfare Provision .... (145)
  (2) Improvement of Efficiency of Elderly Welfare Provision ...... (147)
  (3) Realizing the Unification of Equity and Efficiency .... (147)
2. Strategic Target of Holistic Governance of Chinese Elderly
  Welfare Provision .... (148)
  (1) Universality of Welfare Provision Objects .... (149)
  (2) Comprehensiveness of Welfare Provision Contents .... (150)
  (3) Variety of Welfare Provision Styles .... (151)
3. Paths Selection of Holistic Governance of Chinese Elderly
  Welfare Provision .... (151)
  (1) Cross-region Integration of Elderly Welfare Provision .... (151)
  (2) Cross-depertment Integration of Elderly Welfare Provision ....
  .... (156)
  (3) Establishment of Partnership in Elderly Welfare Provision ....
  .... (158)
Summary of the Chapter .... (161)
Chapter Ⅶ Conclusion and Expectation .... (162)
SectionI Reseach Conclusion .... (162)
SectionII Research Expectation .... (165)
Appendix Ⅰ: Interview Syllabus .... (167)
Appendix Ⅱ: Tables in the Article .... (169)
Appendix Ⅲ: Diagrams in the Article .... (171)
Acknowledgements .... (172)

绪　　论

随着我国老龄化进程的加快，老年群体不断扩大，包括养老保险、老年健康、养老服务、老年关爱等内容的"老年福利"议题日益成为当下我国公共政策以及学术研究的热点话题。在党的十九大报告中，老年福利作为一项重要的内容，先后被提及五次①。正如党的十九大报告所言，"增进民生福祉"是发展的根本目的"②，要"积极应对人口老龄化，构建养老、孝老、敬老政策体系和社会环境，推进医养结合，加快老龄事业和产业发展"③。随着新时代的到来和社会主要矛盾的转变，如何增进老年群体的民生福祉，如何化解老年群体"日益增长的美好生活需求"与老年福利供给不平衡、不充分之间的矛盾，就成为了老龄事业及社会福利等学术研究领域的一个重要选题。

从农业社会、工业社会到后工业社会，"福利"始终贯穿于人类社会发展的历史进程当中。"在提高人类福利的路径上，现代化理论和马克思主义都热衷于线性的、蓝图规划式的、普适性的解决方案，而后现代主义

---

① 在十九大报告中前后五次提及老年福利问题：第一次提及是在"过去五年的工作和历史性变革"部分，养老问题作为当前面临的民生短板之一、不少难题之一被提出来；第二次提及是在"新时代中国特色社会主义思想和基本方略"部分，把"老有所养"作为习近平新时代中国特色社会主义思想的基本内涵和方略的基本内容而提出的；第三次提及是在"坚定文化自信，推动社会主义文化繁荣兴盛"部分，把"孝老爱亲"作为公民道德建设工程、社会主义文化的内涵之一提出来的；第四次和第五次提及都是在"提高保障和改善民生水平，加强和创新社会治理"部分；第四次是把养老保险、老年人关爱体系等作为多层次社会保障体系的内容提出的；第五次是把老龄事业和老龄产业作为健康中国战略的重要内容提出的。

② 习近平：《决胜全面建成小康社会 夺取新时代中国特色社会主义伟大胜利——在中国共产党第十九次全国代表大会上的报告》，人民出版社2017年版，第23页。

③ 同上书，第48页。

则倾向于循序渐进、零碎性的思路"①,但这两种理论都没有充分认识到其他因素的影响,没有客观估量社会的复杂性程度,致使它们难以在关键问题上实现突破。

与西方社会普遍面临的"福利国家危机"不同,中国社会福利视野中的难题是福利供给领域的"不平衡、不充分"问题。因此,本文的研究路径就是将"福利供给"作为因变量引入老年社会福利研究领域,同时调整研究范式,即从"总量"研究转向"结构"研究。老年福利供给是现代政府提供的公共服务的重要内容之一,老年福利供给管理也是政府治理的重要内容之一。因此,结合公共服务及政府治理的发展趋势,结合中国老年福利供给的政策实践,并借鉴公共管理领域的先进理论框架,提出我国老年福利领域主要矛盾的化解之道,构建有中国特色的老年福利供给治理模式,就成为一个紧迫而又有价值的研究议题。

一 问题的提出与研究意义

（一）研究背景

1. 人口老龄化。在工业化、城市化和现代化的发展过程中,人口老龄化日益成为全球性的社会问题。根据国际通用的标准,一个国家或地区60岁及以上老年人口占总人口的比例达到10%,或65岁及以上老年人口的比例达到7%,那该国或该地区就进入了老龄化社会。据第五次人口普查数据显示,2000年我国65岁以上老年人口已达8811万,占总人口的6.69%;60岁以上人口达1.3亿,占总人口10.2%。按国际标准衡量,我国已经进入老年型社会。2000—2010年的10年间,我国60岁及以上老年人口平均每年增长500万,占总人口的比重平均每年上升2.9个百分点。截至2016年年底,全国60岁及以上老年人口达23 086万人,占总人口的16.7%,其中65岁及以上人口15 003万人,占总人口的10.8%②。预期到2050年,我国65岁及以上老年人占总人口的比例可上升到27.4%,届时将比世界16.2%的平均水平高出10.94个百分点,比

---

① ［英］安东尼·哈尔,［美］詹姆斯·梅志里:《发展型社会政策》,罗敏等译,社会科学文献出版社2006年版。

② 《2016年社会服务发展统计公报》,民政部网站: http://www.gov.cn/xinwen/2017 - 08/03/content_ 5215805. htm, 2017年8月3日访问。

发展中国家 14.6% 的比重高出 12.54 个百分点,比发达国家 26.2% 的总体水平高出 0.94 个百分点。这一比重仅低于日本(37.8%)等老龄化水平畸高国家,跻身世界老龄化最高水平国家之列①,如图 0—1 所示,人口老龄化成为全球面临的共同问题。

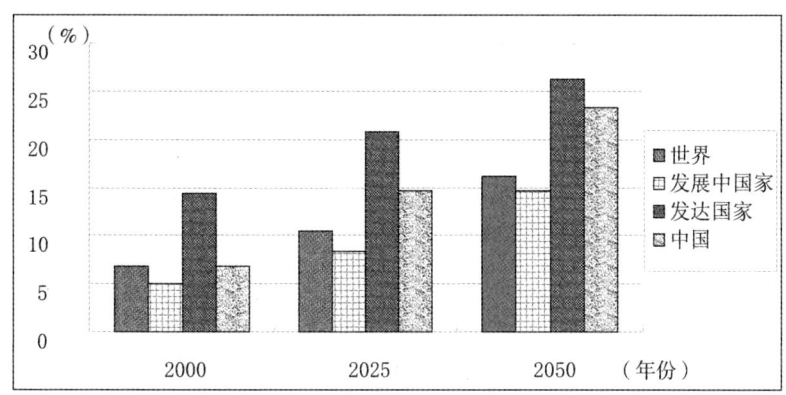

图 0—1　2000—2050 年世界 65 岁以上老年人口比例变动预测

资料来源:United Nations:*World Population Prospects*,*the 2008 Revision*,pp. 48 – 52

中华人民共和国成立以后特别是改革开放以来,我国政府通过出台以及实施相关的人口生育与社会政策,"直接参与了家庭活动"②,从而成为人口结构变迁的强大助推力。计划生育政策以及人口流动的越来越频繁,导致中国的家庭规模越来越小,家庭结构趋于小型化。据统计,2000 年我国家庭户平均规模为 3.44 人,2014 年下降到了 2.97 人,减少了 0.47 人③。家庭代际结构和家庭关系也进一步简化,家庭户的代数也进一步减少,单人户和夫妇核心家庭户大量增加,"少子老龄化"的趋势逐渐凸显。据《中国统计年鉴 2016》对全国 1% 人口抽样调查显示,我国 2015 年的总和生育率仅为 1.05④,人口世代更替所需的比率为 2.1,我国比其

---

① 田雪原:《人口老龄化与"中等收入陷阱"》,社会科学文献出版社 2013 年版,第 26 页。
② 彭希哲、胡湛:《当代中国家庭变迁与家庭政策重构》,《中国社会科学》2015 年第 12 期。
③ 国家卫生计生委家庭司编:《中国家庭发展报告 2016》,中国人口出版社 2016 年版,第 4 页。
④ 2015 年日本的生育率为 1.4,韩国的生育率为 1.25,远高于中国的生育率。

低了整一半，这意味着我国少子化现象还会一直持续。另据联合国人口署发布的《世界人口展望》（2017年修订版），预测中国未来人口将呈倒"V"型，按目前较低的生育率状态，本世纪末将加速下滑跌破10亿—6.13亿。其中60岁以上的老人将占比超过30%，65岁以上的老人占比将超过25%。中国将不折不扣地进入超老龄国家[①]。人口与家庭结构的变动将加剧家庭的养老困境，照料功能的弱化将逐渐成为我国家庭的普遍特征。

2. 新时代老年福利的供需矛盾。诸多学者已经对人口老龄化可能导致的社会问题展开多重讨论。在Pifer看来，老龄化问题如果不能得到有效的遏制和处理，将会衍变为一次新的社会与经济革命，其产生的社会影响"将不亚于全球化、城市化、工业化对人类社会的改造和重塑"[②]。老龄化的危害不仅是个人性的，更是社会性的。就现实性的生存困境来讲，老年人在面临收入水平下降的同时，也不可避免地面临着比年轻人更大的疾病风险。就社会影响而言，早在1996年，亚洲开发银行发表的研究报告就指出，中国如果不能为迅速到来的人口老龄化提供收入保障，以解决未来的经济养老问题，将对中国的社会经济发展造成严重的伤害。因此，对于中国这样的人口大国，研究和探讨如何在尚未实现现代化的情况下满足老年人的福利需求，如何通过养老保险制度和服务体系的完善以及医疗资源的供给，以将更多的福利资源更有效地分配到养老领域中，就成为了一个紧迫而又利国利民的研究议题。

在党的十九大上，我党对我国发展的新的历史方位作出了重大论断，即中国特色社会主义进入了新时代。当前，我国社会的主要矛盾已经转化为人民日益增长的美好生活需要和不平衡、不充分的发展之间的矛盾。在这一宏大背景下，与西方社会普遍面临"福利国家危机"不同，我国老年福利领域的主要矛盾也表现为老年群体"日益增长的美好生活需求"与老年福利供给不平衡、不充分之间的矛盾。在党的十九大报告中，对老年福利领域的这一矛盾也进行了多角度的阐释。首先从问题出发，指出养

---

① https：//c.m.163.com/news/a/D8JDDP6N0524QGC8.html? spss = newsapp&fromhistory = 1&spssid = c57b2ebba8285 5cdc61deb7f6fcc394b&spsw = 6&from = timeline&isappinstalled = 0.

② Alan Pifer and Lydia Bronte. *Introduction：Squaring the Pyramid，in Our Aging Society：Paradox and Promise*，Alan Pifer and Lydia Bronte，eds.，New York：W. W. Norton，1986，p. 3.

老问题是我国当前面临的"民生短板"之一和"不少难题"之一[①]；其次是确立老年福利的目标导向，并将其作为新时代中国特色社会主义的基本方略的内容之一[②]；再次是分别从公民道德体系建设[③]、社会保障体系建设[④]以及健康中国建设[⑤]等几个不同的角度具体对老年福利保障问题进行了阐释。结合党的十九大对我国老年福利提出的目标与要求，基于新需求导向的老年福利供给治理，已经成为当前我国社会科学研究领域中的一个急需探讨的议题。

（二）研究问题

一个功能良好的社会保障体制是任何现代社会的基本要素。很少有像现在福利领域正在进行的改革那样，既具有重大的政治意义，又具有重大的经济意义。如果一个国家的福利体制不能得到民众的认可，那么这个国家的民众也将会对未来缺乏信心。恩格斯强调，所谓的社会福利，就是要在必要的情况下通过削减、牺牲一部分人的利益，来满足和填补另一部分人的需求，使"所有人共同享受大家创造出来的福利"[⑥]。这其实就体现

[①] 党的十九大报告"过去五年的工作和历史性变革"部分提出，即"民生领域还有不少短板，脱贫攻坚任务艰巨，城乡区域发展和收入分配差距依然较大，群众在就业、教育、医疗、居住、养老等方面面临不少难题。"

[②] 在党的十九大报告"新时代中国特色社会主义思想和基本方略"部分提出，即"增进民生福祉"是发展的根本目的。必须多谋民生之利、多解民生之忧，在发展中补齐民生短板、促进社会公平正义，在幼有所育、学有所教、劳有所得、病有所医、老有所养、住有所居、弱有所扶上不断取得新进展"。

[③] 在党的十九大报告"坚定文化自信，推动社会主义文化繁荣兴盛"部分，即"深入实施公民道德建设工程，推进社会公德、职业道德、家庭美德、个人品德建设，激励人们向上向善、孝老爱亲，忠于祖国、忠于人民。"从中国社会主义文化建设以及公民道德建设工程的角度提出了"孝老爱亲"的老年福利思想。

[④] 党的十九大报告"提高保障和改善民生水平，加强和创新社会治理"部分提出，即"加强社会保障体系建设。按照兜底线、织密网、建机制的要求，全面建成覆盖全民、城乡统筹、权责清晰、保障适度、可持续的多层次社会保障体系。全面实施全民参保计划。完善城镇职工基本养老保险和城乡居民基本养老保险制度，尽快实现养老保险全国统筹……完善社会救助、社会福利、慈善事业、优抚安置等制度，健全农村留守儿童和妇女、老年人关爱服务体系"。从社会保障体系建设角度对老年福利进行了阐述。

[⑤] 党的十九大报告"提高保障和改善民生水平，加强和创新社会治理"部分提出，即"实施健康中国战略……积极应对人口老龄化，构建养老、孝老、敬老政策体系和社会环境，推进医养结合，加快老龄事业和产业发展。"

[⑥] 《马克思恩格斯选集》第1卷，人民出版社1995年版，第243页。

了社会保障公平、正义、共享的核心理念。老年人由于社会环境、生理功能下降以及心理的转变，单纯依靠自己的能力和劳动无法获得自身的满足，帮助他们实现自我价值，获得独立、尊严的生活，共享社会文明，就成为我国养老政策的根本目标，也是公平、正义、共享①的核心价值理念的现实体现与内在要求。

中华人民共和国成立以来，国家出台了一系列涉老法律、法规和政策，尤其是近20年来，出台的涉老法律、法规、规章及有关政策达到了500余件，涉及养老保障、养老服务、医疗卫生等多个领域，切实保障了老年人的权益。但是，在老年福利实际供给过程中，也产生了区域差异、管理分割、政策冲突、资源分散等碎片化问题，具体表现为。

1. 老年福利制度安排的区域差异与失衡。"文本形态或政府话语体系下的公共政策转化为现实形态的政策目标的过程并不是一个直线的过程。政策目标从中央到地方往往经历政策细化或再规划的过程"②。我国地区发展存在很大的不均衡性，各省、市、地区均有权根据自身财政实力和实际情况对国家统一制定的政策进行"变通"情况下，这就致使国家统一的政策沦为了差异性的区域性政策，形成了老年福利制度安排区域分割的状况，导致了不同地区之间老年福利负担畸轻畸重。如此趋势之下，社会统筹的非均衡化、老年福利供给的碎片化，不仅会造成"便携性损失"，"并对市场经济条件下的劳动成本构成与劳动力流动产生深刻影响，进而对国家整体推进区域协同发展造成极为不利的影响"③。

2. 老年福利部门供给之间割裂与冲突。老年供养问题范围的扩大、社会结构的复杂变化导致了国家行政部门在老年人福利体制中扮演着越来越重要的角色④。我国老年事务分属于不同的管理部门，在今后相当长的时期内都将维持着以民政部、人力资源和社会保障部两家主管为主，卫生部、住房和城乡建设部、审计署等多家协管的行政管理格局。从表面上看各部委各司其职，但实际上政府各部门会根据其所在部门的利益进行政策

---

① 郑功成：《我国社会保障30年》，人民出版社2008年版，第93页。
② 贺东航、孔繁斌：《公共政策执行的中国经验》，《中国社会科学》2011年第5期。
③ 郑功成：《从地区分割到全国统筹——中国职工基本养老保险制度深化改革的必由之路》，《中国人民大学学报》2015年第3期。
④ 多吉才让：《中国老年人社会福利》，中国社会出版社2002年版，第2页。

制定或影响政策制定过程，导致权威主义的碎片化、割裂性①。

3. 老年福利供给中的主体限度与分散。随着老龄化进程的推进，老年人需求的多元化，其公共产品与服务的提供已超越个别组织的承受能力。长期以来，国家作为老年福利的责任主体，承担着福利供给过程中的"公平倡导者和风险承担者"②等角色。但是，以"效率优先，兼顾公平"的社会发展模式，集聚了大量的"历史债务"，当新旧问题交织叠合在一起时，不可避免地导致政府对市场和社会空间的挤压，以及福利供给效率的不足。市场的特点决定了福利供给不是普惠和无偿的，而是以老年人缴纳一定费用为依据的，同时追求产品/服务生产与供给的低成本与高产出，致使在福利供给中"市场化有余而福利性不足"③。社会组织具有浓厚的"国家法团主义"，国家制定相关行政法规的目的便是将社团控制在合理的范围之中④，民政部提出"社会福利社会化"改革目标以后，国家对社会组织的支持力度不断增大，但更多的是强调其在福利责任上的分担，社会组织发育缓慢，不利于发挥其在福利供给中的作用。由于各个供给主体的限度的存在，需要建立科学的老年福利供给主体协同机制，才能有效满足新时代老年福利需求。我国虽然提出了社会福利社会化的发展理念，但在供给主体协同机制建构方面却并未取得明显进步。政府、市场以及社会三大老年福利供给主体仍然处于分散运行、各自为战的状态。

可以看出，中国的养老问题已由"如何应急"演化为"如何发展"，而且当下的养老困境集中表现为老龄化背景下的老年福利需求与现有供给制度及政策安排之间的不适应。它不仅和民生问题紧密相关，更与中国发展模式的转变存在千丝万缕的关联。所以，对老年福利的关注，绝不仅仅源于人道主义的道德层面，更是一个亟待解决的社会发展问题，即如何在老龄化这一人口学背景下，致力于社会的可持续发展。在我国的老年福利

---

① Lieberthal, Kenneth. "Introduction: The 'Fragmented Authoritarianism' Model and its Limitations", In Lieberthal Kenneth, Lampton David, Bureaucracy, Politics and Decision Making in Post-Mao China, Berkeley: University of California Press, 1992, p. 278.

② 韩央迪：《第三视域下的中国农民福利治理》，上海三联书店2014年版，第89页。

③ 田北海：《社会福利社会化的困境与出路》，《学习与实践》2008年第6期。

④ 顾昕、王旭：《从国家主义到法团主义——中国市场转型过程中国家与专业团体关系的演变》，《社会学研究》2005年第2期。

供给仍然处于碎片化的状态下，政府各部门之间对政策问题的沟通、协商和整合，跨越区域界限，构建政府与社会组织、政府与市场平等协商、合作的伙伴关系，就显得十分的必要。

因此，本研究拟基于我国老年福利领域存在的特定矛盾，结合公共服务及政府治理的发展趋势，吸取传统公共行政以及新公共管理的教训，借鉴整体性治理理论视角，对我国老年福利供给中存在的碎片化问题进行系统研究，以提出我国老年福利领域主要矛盾的化解之道，构建有中国特色的老年福利供给治理模式。

本文将以整体性治理理论为视角，对我国老年福利供给中存在的碎片化问题进行系统研究，具体的研究问题如下：

（1）整体性治理理论框架的本土化构建；
（2）梳理我国老年福利供给的碎片化问题；
（3）分析引起碎片化问题的根源；
（4）我国老年福利供给的整体性治理。

（三）选题意义

人口老龄化是21世纪我国的常态和基本国情，而且在将来相当长的时期内是不可逆转的，老年人的福利状况越来越成为我国政府必须面对的重大社会问题。管理学的理论和方法虽然在世界范围内具有共性，但要获得成功必须根植于一国具体国情之中。关注本土社会，发现问题并提出解决的方案，乃是一名公共管理研究者应具有的学术追求与社会情怀。

中华人民共和国成立以后，经过60多年的社会主义建设和改革开放40年的经济快速增长，人民生活总体上达到小康社会的目标已经实现，"国内生产总值从五十四万亿元增长到八十万亿元，稳居世界第二，对世界经济增长贡献率超过百分之三十。"[①] 在经济已经发展到一定程度后，建设具有中国特色的"福利社会"，促进社会建设目标的实现就成为人们首要思考的问题。因此，在这样一个充满挑战、风险但又是历史机遇的关键时期，如何解决我国老年福利供给中的碎片化问题，明确下一步发展的方向，就具有十分重要的学理意义和实践意义。

---

① 习近平：《决胜全面建成小康社会 夺取新时代中国特色社会主义伟大胜利——在中国共产党第十九次全国代表大会上的报告》，人民出版社2017年版，第3页。

第一，以整体性治理理论的视角分析老年福利供给中的碎片化问题，是对学术界存在的在养老领域碎片化研究思路的补充。既有研究，要么是与制度模式设计和选择有关的宏观战略研究；要么是微观的技术性整合，分析的广度和深度不够，制约了我国福利实践的理论提炼。而整体性治理理论的视角恰好可以弥补上述不足。它是跨学科对话的成果，既研究政策碎片化、管理碎片化，还涉及公私合作供给。因此，从整体性治理理论的视角来分析我国老年福利供给中的碎片化问题，能从整体性上"深描"出老年人这一特定群体福利的结构性获得，改变"头痛医头，脚痛医脚"线性问题解决思路，促进老年福利的改革。

第二，有助于整体性治理理论的本土化构建。当今管理知识体系在很大程度上是建立在欧美国家的学术研究基础上的，在管理理论发展上，我国还处于学习和引进西方主流研究范式的阶段。简单照搬或复制西方的研究范式，将导致理论的低水平发展。因此，有学者提出，要实现公共管理理论的本土化，更应该考虑当地的情境因素，在实践中检验理论与方法的可行性与适用性，并从实践中对理论进行修正。

整体性治理理论在西方最初应用于社会政策领域，例如青少年犯罪问题；我国台湾学者在介绍整体性治理理论的同时，把它应用于政府间的跨界治理和社区治理中；大陆学者更多地将其应用于地方政府协作治理、循环经济治理等领域，但是都没有形成具有中国本土特色的话语体系，基本停留在采用"拿来主义"的做法——复制型学术研究。目前，也有学者将其应用于对养老保险领域的分析，但与其相比，老年福利领域更宽，问题也更复杂，因而更能展现整体性治理理论的优势。本文希望通过对症下药、解剖麻雀的手段，展示整体性治理理论在对我国实际问题处理中的生命力，构建适用于解决我国实际问题的理论框架。

第三，对老年福利领域碎片化的管理、政策及供给方式提出政策建议。对养老领域的研究主要集中于社会学、人口学、经济学等专业，而且大都具体到某一种养老方式的研究或某一种养老制度的研究，从各自的研究视角提出了政策建议。本文在前人研究的基础上，根据整体性治理理论对老年福利碎片化及其生成机理进行了分析，"实践性问题的提出，则是着眼于对规范的认可或者拒绝……对这些规范的有效性主张，我们是能够用理由来加以支持和反对的,"① 寻找出问题的解决办法。

二 概念界定

"名不正则言不顺,言不顺则事不成",对概念进行界定是开展任何研究的前提条件。维特根斯坦认为,词语就像乐器或者工具那样,在不同的情况下可以用来表达许多不同的目的。语境可以解释特定情况下使用和表达的语义。为此,下文将围绕研究的问题对核心概念进行相应的溯源、梳理与界定。

（一）福利

1. 词源与词义学的视角。福利（welfare）这个名词在中国最早可以追溯至东汉末年。哲学家仲长统曾提到"是使奸人擅无穷之福利,而善士挂不赦之罪辜"②,唐朝大文学家韩愈也曾写到:"何有去圣人之道,舍先王之法,而从夷狄之教,以求福利也!"③ 按照当时的语境,福利是幸福和利益的意思。毛泽东在自己的著作中也曾提及福利:"在一个半殖民地的、半封建的、分裂的中国里,要想发展工业、建设国防、福利人民、求得国家的富强,多少年来多少人做过这种梦,但是一概幻灭了。"④ 这里的福利可以解释为"使生活上得到利益。"⑤ 总之,从词源和语义学的视角来看,福利是指人类一种良好的生存状态和生活质量。

2. 政治学视角。在当今社会,福利已经越来越普遍地成为政府的一项主要功能,福利政策也成为政治制度中不可或缺的组成部分。从政治学的立场来看,福利是通过国家或政府颁布的一系列政策来实现的,以满足公民的基本需要,保证社会稳定的运行。"福利的定义中必须包含真实的民主权利和义务,社会融入的机会,以及积极参与政治过程的机会。"⑥ 选举制的发展、普选制的推广,以及"直接民主"或"间接民主"投票

---

① Jurgen Habermas. *Theory and Practice*, Translatede by John Vietel, Beacon Press, 1973, P. 3.
② 仲长统:《昌言·理乱篇》,见范晔撰《后汉书·仲长统传》,中州古籍出版社1996年版。
③ 韩愈:《与孟尚书书》,见《韩昌黎文集校注》（卷三）,上海古籍出版社1986年版,第215页。
④ 毛泽东:《论联合政府》,见《毛泽东选集》（第3卷）,人民出版社1991年版,第1096页。
⑤ 中国社会科学院语言研究所编辑室编:《现代汉语词典》（2002年增补本）,商务印书馆2002年版,第389页。
⑥ ［英］罗伯特·平克:《全球化时代的社会福利》,《社会保障制度》2001年第8期。

方式的出现，意味着公民权利的扩大，为选民积极介入福利政策的制定提供了有效管道和途径。福利与政治的关系，国家在福利实现中的角色，福利的政治功能等构成了政治学视角中福利研究的重点。

3. 福利经济学视角。福利经济学理论经历了不断丰富和发展的过程。1920年，英国经济学家庇谷在其成名作《福利经济学》中提出了与福利相关的观点："第一，福利的性质是一种意识形态，或许是意识形态之间的关系；第二，福利可以在或大或小的范畴内产生。"[1] 根据第一个观点，福利是个人的主观感受；根据第二个观点，庇谷将福利划分为社会福利和经济福利，经济福利是指直接或间接与货币这一测量尺度有关的那部分，无法用货币衡量的部分则为社会福利的研究范畴。

旧福利经济学认为，福利是个人或集体偏好的满足，反映了人们所获得的享受或满足，是消费一定的商品或服务而得到的效用。随着社会经济的发展，庇谷的旧福利经济学不断被修正。新福利经济学认为，公共政策的目标就是福利最大化，即边沁所说的"最大多数人的最大幸福是衡量政策正确与错误的标准"。阿玛蒂亚·森则明确提出了使用"可行能力"方法来测量福利。可行能力理论遵循的是一种个体分析方法，并且在福利评价中，一个人过有价值生活的自由是最核心的内容。此外，可行能力理论指出，一个人（社会）获得的所有功能性活动才是福利（图0—2）。

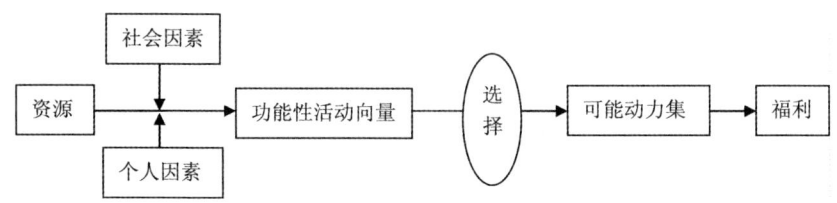

图0—2 阿玛蒂亚·森衡量"福利"的"可行能力"取向

资料来源：[印] 阿玛蒂亚·森：《以自由看待发展》，任赜、于真译，中国人民大学出版社2002年版。

一种功能性活动就是一种成就或一种状态，而可行能力则是成就或状态的能力。可行能力赋予经济主体选择的自由与权利，其完全可以根据自

---

[1] [英] 庇谷：《福利经济学》（上卷），朱泱、张胜纪、吴良健译，商务印书馆2006年版，第16页。

己的偏好过自己认为有价值的生活。森所发展的五种工具性自由构成了人类福利的本质内涵（表0—1），大大拓展了人们对福利的局限性认识。

表0—1　　　　　　阿玛蒂亚·森测量"福利"的具体路径

概念	工具性自由	内　涵
福利	政治自由	指人们拥有的确定应该由什么人执政而且按什么原则来执政的机会，也包括监督并批评当局的自由。
	经济条件	指个人分别享有的为了消费、生产和交换的目的而运用经济资源的机会。
	社会机会	指个人拥有的教育、医疗保健以及其他方面比如养老的机会。
	透明性保证	这是在国家形成之际就应具备的条件和保证。按照契约论的观点，国家是根据纳税人的契约订立而形成，因此，政府预算与信用等不仅对纳税人负责，而且纳税人有权利拥有政府关于预算、信用等公开、透明性的信息，以保证在信息公开和明晰的条件下自由的交易。
	防御性保障	为那些遭受自然灾害或其他突发性困难的人，提供社会安全网。

资料来源：[印]阿玛蒂亚·森：《以自由看待发展》，任赜、于真译，中国人民大学出版社2002年版。

社会学视角。从社会学的视角来看，福利和社会福利通常作为同一概念使用，在急剧变化的现代社会中其内容和活动表现具有多样性和复杂性。由于时代和地域国家的差别，社会福利①通常可以划分为两个方面来理解②：一是指社会福利状态。社会福利原指社会成员幸福的状态。贫

---

① 在国内外学术界，社会福利究竟是属于社会保障下面的一个子概念，或者反过来社会保障是社会福利的一个子概念一直存在着争议。在本文中我们在"大福利、小保障"概念的前提下进行讨论，把社会保障当做国家和政府为了防止民众因年老、疾病、工伤、失业或者失收、生育、残疾、丧偶和失孤等方面发生风险而给予的制度安排与制度设置。两者的区别为：第一，社会保障是从属于社会福利的一个范畴，社会保障项目不能覆盖社会福利。社会保障与社会福利相比，属"低层次"，是为了满足基本生活需要。而社会福利既可以是低层次的基本生活需要，也可以是较高层次的生活享受；它既提供了资金保证，又提供了一般社会保障所不包含的社会服务。第二，以社会保险为核心的社会保障资金构成主要包括政府、企业的投入以及员工个人的缴费，一般实行政府、企业和个人三方共同负担方式。社会福利的经费主要来自于政府的财政拨款、公司企业的捐赠、社会团体的募集、员工单位的提供等，与社会成员的缴费关系不大。

② 尚晓媛：《"社会福利"和"社会保障"的再认识》，《中国社会科学》2001年第3期。

困、疾病和犯罪等社会病态是社会福利的反义词；二是指社会福利制度，是指为达到社会福利状态而集体做出的努力。在研究过程中，社会福利有广义和狭义之分。在我国，社会福利狭义是指社会成员因疾病、年老、生理或心理缺陷，丧失劳动能力而出现生活困难时向其提供的服务措施；广义的社会福利是有关社会政策、社会保障以及公共服务、卫生、教育等与人的精神、身体等密切相关的制度和措施的总称。西方学术界讨论社会福利问题的时候，大多使用的是广义社会福利的概念。而在我国，更多是从狭义角度来对社会福利进行界定，被认为是社会保障体系的一部分。

综上所述，福利是一个多维的复杂概念。在中国经济社会迅速发展与全球化加速的双重语境下，对福利的理解和界定不仅会对本国的福利政策和制度产生深远影响，也成为了一国政府表达自己执政理念的传声筒。换言之，仅把社会福利定义为社会保障的一部分是不恰当的。仅强化以养老保险为核心的养老保障制度，会造成新的社会不平等，加剧对困难群体的剥夺，也不利于树立全面发展、以人为本的执政理念。所以，国家整体性的制度设计，应该更为强调社会福利制度，而不是社会保障制度。

因此，本研究采用了广义的福利概念，将其界定为个体对生活的满足状态以及实现这一状态的必备要素，它在满足成员基本需求、促进个体发展、维护社会稳定等方面扮演着重要的角色。结合我国现行的福利现状及相关学者的分类，笔者将福利进一步解构为保障性福利和非保障性福利两大类（表0—2）。

表0—2　　　　　　　　　　　福利的内涵

总称	分　类	类　目
福利	保障性福利	社会保险
		社会救助
		社会优抚
	非保障性福利	教育福利
		社会服务
		就业保障
		精神文化

资料来源：根据韩央迪：《第三视域下的中国农民福利治理》，上海三联书店2014年版，第36页改编。

(二) 老年福利

老年福利就是老年人社会福利的简称。作为社会福利体系的重要内容之一，老年福利意指国家和社会结合老年人群体性的特点和需求，为其提供相应的物质、精神、生活性等多方面的保障和服务。与社会福利一样，老年福利也可以从广义和狭义两个层次来理解。狭义的老年社会福利强调服务和帮助的特殊性[①]，即在政府主持下，在社会各方面力量的参与下，对处于特殊情境下的没有任何生活来源、缺乏劳动能力、没有指定赡养人和抚养人的孤寡老人以及部分生活不能自理、缺乏家庭照顾的老年人所提供的经济、医疗、照护、娱乐、教育等方面的服务[②]。广义的老年福利在囊括了狭义老年福利概念的同时，更致力于提供改善性、全面的服务和帮助。除了满足老年人的基本生活需求之外，广义的老年福利希图借助全方位的医疗、养护、娱乐、照顾，甚至再教育等方式提高老年人群体的福祉。

如今，国内对老年福利的研究主要集中于福利的某一领域，真正从广义福利的意义上研究老年福利的还比较少，对老年福利还缺乏整体性研究。在综合前人研究的基础上，为了更好地契合当下的老年福利发展趋势与本文的研究主旨，本研究更倾向于老年福利的广义概念。从内涵上说，老年福利在本质上表现为一种良好的生存状态与生活支持系统；从外延上看，则指不同福利供给主体为老年人所提供的福利综合，涵盖了相关的福利行动、措施、政策和制度等内容。对其进一步操作化，可以参照上文社会福利的分类，将老年福利概念解构为老年保障性福利、非保障性福利，如图0—3。

(三) 碎片化

碎片化（fragmentation）这个概念最早出现于20世纪80年代末期的"后现代主义"研究文献中。后现代主义者批判了所谓的世界观、元叙事、宏大叙事和整体性等"现代性"社会现实的单一维度，认为它们忽视了许多其他的发展过程，并常常导致各种灾难性后果。多样化与碎片化

[①] 彭华民：《老人福利》，南开大学出版社2002年版，第262—276页。

[②] 时正新：《中国社会福利与社会进步报告1999》，社会科学文献出版社2000年版，第146—147页。

是"后现代主义"典型的特征。目前，碎片化已被广泛应用到传播学、社会保障、公共管理等领域，在不同语境下，其涵义也有所差别。

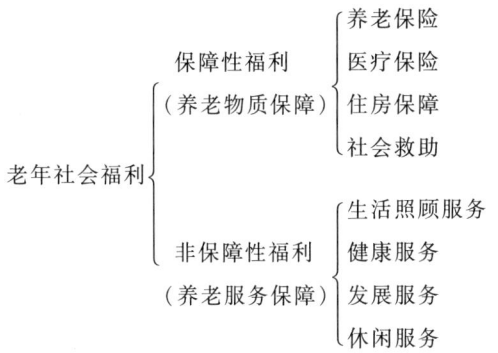

图 0—3　老年社会福利的概念解构

1. 传播学的视角。碎片化首先体现在媒介内容生产上。后现代思潮思维方式代替传统的内容生产思维，从表面上看受众的关注点分散在多个地方，被不同媒介争夺，时间被切割的支离破碎。受众的心理感受朝多个方向延伸，成为辐射性的碎片化存在。从深层次上看，碎片化其实是多样化、个性化特征的体现，人们生活模式和思维方式的多元化，最终形成多样化的消费方式和价值观念。此外，碎片化还体现在媒介形式的多元上。随着传播通路的激增，随着新兴媒体的涌现与壮大，传统媒介市场份额被日渐分割，原有的单维度的线性传播模式改变为现有的多维度的传播模式。

2. 社会保障的视角。社会保障制度的碎片化具有两层含义，一是整个社会保障体系是分立的而非一体化，对于不同的群体采取不同的保障制度；二是具体的社会保障项目也是分立的而非一体化，即同一项目对不同群体采取不同的制度安排。这两类碎片化，必然会导致社会保障体系在经费来源、管理体系、保障主体、保障对象、保障标准等诸多方面的差异。

在关信平看来，社会保障制度的碎片化主要表现为以下几个方面：（1）保障对象的碎片化，对不同的民众适用于不同的社会保障制度；（2）保障项目的碎片化，各社会保障项目的制度设置都处于相互分立的状态，缺少必要的整合；（3）保障管理的碎片化，不同的保障领域、保障项目、以及不同地域间，存在多部门管理的现象；（4）保障资金来源的碎片化，社会保障体系拥有多个资金来源的渠道,不仅不同的社保项目其资金来源不同,甚至同一个项目也有多种资金来源①。

3. 公共管理的视角。在公共管理领域,裂解、分割、阻隔、重复、破裂等成为学者用来描述碎片化状态的词语。希克斯指出,政府组织的功能碎片化问题表现为:机构之间相互转嫁困难和成本,各项目间存在交叉甚至重复的问题,项目或制度的既定目标存在冲突,项目的制度安排或具体执行存在冲突,各项目的轻重缓急或者优先次序排序不当,服务项目或制度安排存在遗漏和局限,在回应民众的多元需求时过于狭隘,民众对应有服务或项目的可获得感差等②。而从政府以外的主体进行分析,碎片化问题集中表现为:管理主体相互间存在信任危机,形式上的协商式契约与实施过程中的专制机会主义,相互间缺少沟通的渠道与意愿,利益与专注点之间存在冲突,对责任边界的界定不够清晰,对社会上的稀缺式资源采取竞争性分配,承担角色、既定目标、与具体任务之间缺乏一致性,缺少有效的监督管理,评估绩效时的高投入,形式主义的奖惩措施③。可以看出,公共管理领域的碎片化更多的是强调部门权限或政府行政边界基础上产生的功能叠加、缺少协同的管理行为。

本研究关注的碎片化即老年福利供给的碎片化,可以表述为:建立在区域划分基础上的属地管理,遵循专业分工的政府职能部门以及存在多样且差异化的供给主体,由此有意或无意导致的碎片化,表现为老年福利制度安排的区域差异与失衡、政府横向部门间的割裂与冲突、供给主体本身限度及合作的分散,致使福利供给不均衡、不充分。

三 文献综述

具体研究前,我们有必要对既有的研究成果进行清晰的梳理和评价,这种梳理不仅仅表现在对表象的关注,更体现在对事物既定发展路线的一

---

① 关信平:《论我国社会保障制度一体化建设的意义及相关政策》,《东岳论丛》2011 年第 5 期。

② Perri 6. *Towards Holistic Governmence*: *The New Reform Agenda*. London: Palgrave Press, 2002, p. 29.

③ 谭学荣:《我国县域公共就业服务的碎片化及其整体性治理——基于系统权变模型的理论与实证研究》,华东师范大学博士论文,2014 年版,第 23 页。

种逻辑梳理，进而发掘事物发展中可能的路径依赖。如此，我们才能做到有破有立。

20世纪后期，受世界范围内人口老龄化、养老供需矛盾以及福利体制改革的深刻影响，老年福利供给问题日益成为学者们研究的热点。中西方的学者从不同的理论视角及社会情境出发，对老年福利供给进行了广泛的理论探讨与实践探索。笔者通过对老年福利的制度安排与供给模式研究的回顾与评论，以期达到借鉴前人既有成果，启发本研究进行深入探讨的目的。

（一）整体性治理理论研究

本研究以整体性治理理论为依据构建老年福利供给碎片化问题的分析框架，因此，中外学者对整体性治理理论的学术拓展与应用研究，都为本文的后续研究提供了重要的借鉴作用。从理论渊源来看，整体性治理理论是在对新公共管理的"市场化""绩效""部门主义"等议题进行反思和批判的基础上提出的。近几年，学者们逐步加大了将这一理论作为分析工具来解决实际问题的研究。本文对整体性治理理论以及相关研究的回顾主要包括以下几个方面。

1. 整体性治理理论脉络的发展研究

"整体性治理"（Holistic Governance）是由佩里·希克斯于1997年在其出版的《整体性政府》（Holistic Government）一书中系统提出的，后来在1999年出版的《面面俱到的治理：建立整体性政府的战略》（Governing in the Round：Strategies for Holistic Governance）、2002年出版的《迈向整体性治理：新的改革议程》（Towards Holistic Governance：the New Reform Agenda）书中，将"整体性政府"（Holistic Government）改名为"整体性治理"（Holistic Governance）。从表0—3中可以了解希克斯在不同的阶段对整体性治理理论的具体论述。

整体性治理理论的另一个代表人物是帕特里克·登力维。登力维认为，整体性治理尤为强调"重新整合"的概念，这是"对新公共管理的对立"的回应[①]。他指出，重新整合涉及的内容包括大部门式治理、恢复

---

① Patric Dunleavy. *Digital Era Governance：IT Corporations, the State, and E-Government*. Oxford University Press, 2006, p.57.

表 0—3　　　希克斯关于整体性治理理论在不同阶段的论述

年代	书名	关于整体性治理理论的论述
1997	《整体性治理》	整体性治理是传统治理与新公共管理理论的补充。包括：整体性预算；结果导向；整合型的信息沟通体系；充分授权；预防性的战略审视；价值、文化的视角；跨功能的考核机制。
1999	《圆桌治理：整体性治理策略》	认为整合便是克服破裂化问题，它不是一种新的技巧，而是一种策略性的工作。包括：政策的整合；中央扩大授权，地方积极参与；整合型预算；构建学习型组织；规划咨询科技系统；整合型考核机制；领导的支持。
2002	《迈向整体性治理：新的改革日程》	认为整体性包括协调和整合两部分，协调阶段着重相关组织对整体性治理所应具备的信息、认知与决定，并将以上两个分立领域中的个体连结，使其认知彼此相互连结的事实，并朝向签订协议或相互同意方向发展，借此避免过度碎裂化或造成负面外部性问题。整合阶段则着重执行、完成及采取实际行动，将政策规划中目标与手段折中的结果加以实践，并建立缝隙计划。整体性治理所牵涉的整合包含三个方面：其一是治理层级的整合；其二是治理功能的整合；其三是公私部门的整合。

资料来源：Perri6. *Holistic government*. London：Demos，1997；Rholdes：R. A. W. *The differentiated polity：The case of the civil services of the UK*. The 51st political Studies Association Conference，Manchester，United Kingdom，2001；韩保中：《整体性治理之研究》，《公共行政学报》2009 年第 31 期；Simmon. *Turfwars at work*. Strategic Finance，2002（2）。

或重新加强中央过程、逆部门化和碎片化、重塑具有公务支撑功能的服务提供链等。整体性治理犹如网络一般，囊括了所有相关的公共部门，要求重新界定宏观政策结构，重新组织行政机构，重新评估政策过程，从而实现对信息系统与管理体系的根本性调整，以增强对新问题的灵活反映能力[①]。波利特提出了"整体性"及其评价方法，他认为整体性治理能够更好地实现纵向与横向的协调，并具象为以下四个目标：消除不同政策在目

---

① Patric Dunleavy. *Digital Era Governance：IT Corporations，the State，and E-Government*. Oxford University Press，2006，p. 227.

标确定、制度安排、具体执行等环节的冲突，更为合理有效地利用社会稀缺资源，整合某一政策所涉及的利益相关者，向公民提供全面整合、而非存在空隙或分立的服务[①]。

2. 国外学者对整体性治理理论的应用研究

整体性治理理论在西方国家的改革中得到了广泛应用，并得到了成功实践。Tom Ling 对西方各国"整体政府"改革的实践和理论进行了经验总结，着重从中央与地方的关系、不同政府部门之间的关系和国家与社会之间的关系进行了探讨，归纳出一种最佳实践的"整体政府"组织模式[②]。Philippa Russel 在对英国残疾儿童及其家庭进行调查后提出，社会排斥很容易发生在得不到政府跨部门支持的残疾儿童及其家庭，风险要比正常儿童及其家庭高得多。Bath Priorty 认为，整合性公共服务就是通过协同的知识和信息战略来提供服务，伙伴关系则是共享知识和信息的基本工具。

3. 国内学者对整体性治理理论的介绍及应用研究

国内学者最初主要集中在引进以及介绍整体性治理的理论方面，近几年，逐步加强了整体性治理的实践性研究。

彭锦鹏详细阐述了整体性治理理论的改革理念和政策主张，他认为整体性治理是新的行政学典范，这是基于对传统官僚制和新公共管理的批判而形成的[③]。竺乾威主张管理从分散走向集中，从部分走向整体，整体性治理主要关注政府机构内部和部门的整体性运作[④]。虽然整体性治理理论在实践中得到越来越大的影响，但是还有赖于一种恰当的组织载体。曾维和、赵石强将整体政府的组织模式概括为"内、外、上、下"四个空间维度，其中"内"是指组织内部的合作；"外"是指组织之间的合作；"上"是指目标设定的由上而下；"下"是指以顾客需要为服务宗旨以及

---

① Christopher Pollit. *Joined-up Government: a Survey*. Political Studies Rivew, 2003 (1): 34 – 39.

② Tom Ling. *Delivering Joined-up government in the UK Dimensions, issues and problems*. Public Administration, 2002 (4): 625 – 642.

③ 彭锦鹏：《全观型治理：理论与制度化策略》，《政治科学论丛》（台湾）2005 年第 23 期。

④ 竺乾威：《从新公共管理到整体性治理》，《中国行政管理》2008 年第 10 期。

让服务对象介入服务过程①。曾维和与刘超分别从表现形式、整合目标、伙伴关系、运作机制等方面,对整体性政府的治理结构做阐释性分析。整体政府的治理结构表现两种层次:等级式和协商式。这一结构以结果为目标导向,具体的目标系统囊括了政策、顾客、组织和机构的四维网络。同时,它将伙伴关系视为开展具体工作的一个有效工具,由此,形成整体政府的运作机制②。

目前,国内已经出现了一些整体性治理理论应用于实践的研究,特别是在食品监管、政府治理和社会民生等领域。我国在食品安全监管机构、食品安全治理主体等方面均表现出碎片化的特征,整体性治理理论为解决食品安全提供了有效的对策建议:在组织形式上要打破横向和纵向导致功能分化的组织壁垒,形成统筹协调、及时沟通、密切合作的服务体制;在社会参与上要打破政府垄断的局面;在供给方式上倡导具有监管功能的"一站式"服务,构建政府与社会监督公私协作的网络结构③。曾凡军用整体性治理理论对整体性政府组织协调机制进行建构,对其与三大协调机制(结构协调机制、制度协调机制、人际关系协调机制)之间的逻辑关系进行了分析④。李荣娟、田仕兵从整体性治理视角,分析了我国大部制改革的现实性和合理性,对完善各部门之间行政协调机制提出了可行的建议⑤。高建华从区域公共管理的角度探讨了政府合作治理的重要性,提出要从整体性政府构建、整体性治理模式、整体性协调机制、信任机制和承诺机制以及监控机制等方面加强努力⑥。胡佳提出整体性治理在中国的实

---

① 曾维和:《当代西方"整体政府"改革:组织创新及方法》,《上海交通大学学报》2008年第5期;赵石强:《整体政府:政府改革的新谋划》,《北京城市学院学报》2010年第4期。
② 曾维和:《当代西方"整体政府"改革:组织创新及方法》,《上海交通大学学报》2008年第5期;刘超:《"整体政府"模式的政治学分析》,《成都行政学院学报》2010年第4期。
③ 宋强、耿弘:《整体性治理——中国食品安全监管体制的新走向》,《贵州社会科学》2012年第9期;张弧、谢金林:《政府食品监管职能缺失的体制分析及其治理策略——基于整体性治理的视角》,《重庆工商大学学报》(社会科学版)2013年第2期;张志勋、叶萍:《论我国食品安全的整体性治理》,《江西社会科学》2013年第10期。
④ 曾凡军:《基于整体性治理的政府组织协调机制研究》,武汉大学出版社2012年版。
⑤ 李荣娟、田仕兵:《整体性治理视角下的大部制改革完善探析》,《社会主义研究》2011年第3期。
⑥ 高建华:《区域公共管理视域下的整体性治理:跨界治理的一个分析框架》,《中国行政管理》2010年第11期。

践应与中国政府改革的本土实际相结合,建构了具有中国特色的整体性政府改革框架①。此外,整体性治理还广泛应用于养老保险②、医保管理③、流动人口④、海洋环境管理⑤、大气治理⑥等领域。

(二) 老年福利供给研究

本研究以老年福利供给为研究对象,力图梳理既有研究的发展谱系,在评析国内外最新研究的基础上,展现理论发展的清晰脉络,阐释老年福利供给中的碎片化,指出问题的解决思路。

1. 世界主流福利供给模式和发展趋势的研究

对福利供给最早的研究始于20世纪60年代。1958年威伦斯基(Wilensky)和勒博(Lebeaux)将社会福利政策分为"补缺型"与"制度型"两种模式。"补缺型"社会福利强调市场和家庭是满足个人需要的主要服务提供者,政府只承担"应急""事后补救"的责任。换言之,只有在市场和家庭都无力提供足够的资源或服务时,政府才会提供制度性的福利服务。"制度型"社会福利坚持的观点是社会福利为政府应尽的公共义务之一。政府、市场、家庭同为资源与服务的提供者,政府所提供的社会福利旨在保障民众的生活福祉,在满足民众需要的同时,更强调福利的普遍性⑦。与此同时,蒂特马斯(Titmuss)强调向全民提供"普惠型"

---

① 胡佳:《迈向整体性治理:政府改革的整体性策略及在中国的适用性》,《南京社会科学》2010年第5期。

② 宋亚娟:《我国养老保险制度的碎片化治理》,《郑州航空工业管理学院学报》(社会科学版)2010年第5期;吴红梅:《整体性治理视野下中国社会养老保险政策碎片化的体制逻辑》,《社会保障研究》2013年第5期;王晓东:《整体性治理视角下欠发达地区社会养老保险的城乡一体化》,《苏州大学学报》2017年第1期。

③ 郎杰燕:《整体性治理视角下的城乡医保管理体制整合》,《中共福建省委党校学报》2017年第10期。

④ 方堃、杨欣:《少数民族流动人口跨区域服务管理协作机制研究》,《中南民族大学学报》2017年第4期。

⑤ 吕建华、高娜:《整体性治理对我国海洋环境管理体制改革的启示》,《中国行政管理》2012年第5期。

⑥ 韩兆柱、卢冰:《京津冀雾霾治理中的府际合作机制研究》,《天津行政学院学报》2017年第4期。

⑦ Harold L. Wilensky, Charles N. Lebeaux. *Industrial Society and Social Welfare*, The Free Press, 1958.

社会政策,提高全民的福利水平,但他同时强调福利获得依据的个人贡献性[①]。马歇尔在《社会发展处境下的福利》一文中,论述了社会福利政策向"在共同公民权的基础上互动"表达的转化,主张政府正式的社会政策供给与非正式的家庭、邻里供给相结合来满足公民的需要[②]。20世纪90年代,丹麦学者埃斯平·安德森(Esping-Andersen)以"非商品化"(deco-modification)概念为工具,将欧洲国家的福利模式划分为"自由主义"福利国家(liberalism welfare state)、"社会民主主义"福利国家(social democratic welfare state)、"保守主义"福利国家(conservative welfare state)[③],详细内容见表0—4。

表0—4　埃斯平-安德森经典的社会福利国家三分法表

比较维度	民主社会主义模式	保守主义模式	自由主义模式
地理位置	斯堪的纳维亚	欧洲大陆	盎格鲁-撒克逊
思想与历史渊源	贝弗里奇	俾斯麦	贝弗里奇
给付的基本原则	誉享型的原则	缴费型的原则	选择型的原则
给付结构	统一缴费	部分给付型	家计调查型
可及性的方式	公民地位与居住资格	社会地位与工作环境	需求与贫困程度
融资机制	税收	就业关联型的缴费	税收
管理与控制决策	国家与地方政府控制	社会伙伴合作制	中央政府控制

资料来源:埃斯平-安德森:《福利资本主义的三个世界》,郑秉文译,法律出版社2003年版。

自从埃斯平-安德森建构了这一经典的社会福利分类模式之后,学者们对福利模式的研究也大都囿于其中,没有提出更有创新价值的分析框架。20世纪90年代后期,埃斯平-安德森对福利的供给方式和福利内容进行了更加深入的探究,指出各种福利模式的最主要的差别在于福利内容的不同而不是福利水平上的去市场化。以北欧福利模式为例,正是因为斯

[①] Titmuss R. M. Abel-Smith B. *Social Policy: an Introduction.* London: George Allen, 1974.

[②] [英]罗伯特·平克:《"公民权"与"福利国家"的理论基础:T. H. 马歇尔福利思想综述》,刘继同译,《社会福利》2013年第1期。

[③] [丹]戈斯塔·埃斯平-安德森:《福利资本主义的三个世界》,郑秉文译,法律出版社2003年版。

堪的纳维亚福利国家"最大限度地增加就业以及强调女性地位平等化，把平等与生产性的社会政策结合起来"[①]，北欧福利模式的福利特征才更加显著。罗斯（Rose）在对福利国家及面临的境况进行深入考察的基础上，承认国家在福利供给中扮演着重要的作用，但他主张福利应该由国家、市场、家庭共同供给，三者在福利供给中的总和即社会总福利，伊瓦斯（Evers）在这一概念的基础上提出了经典的福利三角范式[②]。罗伯特·沃克（Robert Walker）则以福利三分法为依据对不同福利模式中福利供给主体的角色问题进行了深入分析。他指出，民主社会主义模式中福利供给虽然主要依靠政府，但市场等非正式组织提供辅助的意味增强，例如挪威多层级制度取代单一的养老福利安排，市场和个人的角色进一步得到强化；保守主义模式中家庭、社区、市场的角色进一步得到加强，国家角色进一步弱化，例如荷兰等国家进一步削减了在老年人看护方面的支出；自由主义虽然仍旧强调市场在福利供给上扮演的角色，但非正式组织的作用日益被加强，例如英国延续了带有普遍主义色彩的收入支出计划等[③]。约翰逊（Johnson）则在福利三角——国家、市场和家庭的基础上加入了志愿组织，暗含着福利供给的非垄断性，强调家庭、志愿组织等非正式组织在福利供给上的重要作用[④]。福利供给角色的多元化，打破了长期以来福利供给中国家、市场二元对立的思想，福利责任的承担者不仅仅限于国家或市场，家庭、志愿组织和个人等也应在福利供给中承担相应的责任。

2. 老年福利供给研究的现状

在"CNKI中国知网"的"《中国学术期刊（网络版）》数据库"中，

[①] ［丹麦］戈斯塔·埃斯平 - 安德森：《转型中的福利国家》，杨刚译，商务印书馆2010年版，第17页。

[②] Evers, A. Shifts *in the Welfare Mix*: *Introducing a New Approach for the Study of Transformation in Welfare and Social Policy*. In Evers, A. & Wintersberger, H. (eds). *Shifts in the Welfare Mix*: *Their Impact on Work*, *Social Services and Welfare Policies*. Eurosocial, Vienna, 1988.

[③] Robert Walker. *Social Security and Welfare*: *Concepts and Comparisons*. Open University Press, 2005.

[④] Johnson, N. *The Welfare State in Transition*: *The Theory and Practice of Welfare Pluralism*. Amherst: University Massachusetts Press, 1987; Johnson, N. *Mixed Economics of Welfare*: *A Comparative Perspective*. London: Prentice Hall, 1999.

以"老年福利"为检索词进行主题检索,选择"来源类别"包括全部文献[①],共检索到638篇文献,去除新闻报道、会议综述、采访、书评等文献,共获取文献511篇。检索日期为2016年12月31日。利用Cite Space软件对511篇文献题录进行计量分析,分析方法使用关键词共现聚类分析,节点类型选择"Keyword",时间跨度为1984—2016年,以两年为时间切片,在每个时间切片内选择前50个关键词。经分析,关键词共现聚类网络包含节点155个,连线598条,模块化聚类Q值(Modularity Q)为0.4863,Mean Silhouette值为0.529,聚类效果较好。分析发现,国内围绕"老年福利"所进行的研究主题如下图所示:

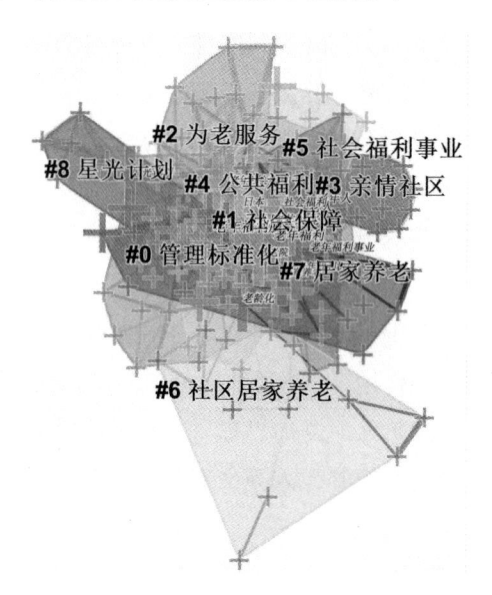

图0—4 老年福利研究关键词共现图谱

对图谱出现的高频主题词,我们按出现频次(≥17)进行了筛选,并列出了其中心性[②]、突发性[③]及首现年份(表0—5)。

[①] 为尽可能保证样本数量和分析效果,在文献来源中采用全部文献。

[②] 中心性是对网络中节点在网络中起联结作用大小的度量。一般认为,中心性大于0.1时,这一节点即为关键节点。

[③] 在Cite Space中,某个聚类所包含的突发节点越多,那么该领域就越活跃或是研究的新兴趋势。

表 0—5　　　　　　　　　老年福利研究高频主题词

关键词	关键词词频	关键词突发性	关键词中心性	年份
老年福利服务	70	7.12	0.15	2000
老年福利	63	6.22	0.24	1994
老人	59	4.86	0.28	1984
人口老龄化	55	3.72	0.19	1990
老年人	40	4.82	0.13	1986
老年福利事业	32	8.97	0.08	1986
老龄化	32	7.03	0.16	2003
日本	31	—	0.06	1990
社会福利	29	—	0.11	2000
老年人口	28	4.67	0.08	1996
星光计划	24	9.81	0.08	2001
老年福利机构	21	—	0.15	2001
敬老院	20	—	0.07	1984
居家养老	20	—	0.06	2004
老年社会福利	20	3.88	0.09	2006
养老服务社会化	17	5.11	0.07	2005

通过对这些热点主题词进行解读，能让我们捕捉到这一研究领域发展的现状及前沿，对此形成一个较为直观的认识。可以看出，目前在老年福利研究领域，学者们主要是以狭义福利为研究对象的，这也是我们政府文件中采用的标准①。但是，随着经济腾飞、社会发展，狭义福利观已无法充分表达老年人对美好生活的期待和追求，需要借鉴和参考国际惯例的标准，才能更好地拓展老年福利的研究。有鉴于此，本文以一种更加开放的

---

① 1985年的《中共中央关于制定国民经济和社会发展第七个五年计划的建议》，第一次比较明确提出了中国社会保障体系的框架，内容包括社会保险、社会救济、社会福利、优抚安置四个部分；2004年中共十六届四中全会提出要"健全社会保险、社会救助、社会福利和慈善事业相衔接的社会保障体系"。可以看出，在政府文件表述中，社会福利是我国社会保障体系的一个组成部分。

视角对我国老年福利的研究进行梳理,以期在对我国本土老年福利经验的整理过程中,找出存在的问题并提出建设性的对策。

3. 广义福利视野下我国老年福利供给模式研究

按照学术界的共识,本文也将社会福利这一概念的外延界定为一个"大"概念①,将其视为现代社会福利体系的重要组成部分。近几十年来,国内学者在翻译和阐释西方社会福利理论的同时,也开启了本土化研究的进程。从问题视角出发,学者们深入分析了我国社会福利及供给中存在的问题,并提出了诸多具有建设意义的构想。1949年之后,学术界对我国社会福利制度安排及福利供给模式的探讨可以以1978年为界分为两个阶段——计划经济时期(1949—1978年)和改革开放以来(1978—)②。

计划经济时期的福利供给模式可以概括为"单位——国家福利"模式③、"国家支配型的福利多元主义"模式④、"工业成就型福利"模式⑤。这一时期社会福利制度是在完全清除和摒弃民国时期的制度安排基础上建立起来的,具有许多独特性的特征,如福利服务对象身份资格主要根据家庭出身、阶级成分确定⑥,城乡居民享受截然不同的福利制度⑦,政府有关社会福利政策法规数量稀少⑧等。改革开放以来,随着社会结构的调整与转型,社会政策逐渐成为政界、学界炙手可热的一个话题,围绕社会福利理论的探讨也逐渐增多。周沛指出,随着市场经济体制的建立,我国社

---

① 景天魁、毕云天:《从小福利迈向大福利:中国特色福利制度的新阶段》,《理论前沿》2009年第11期。

② 按照中国近现代史研究惯例,1911年辛亥革命推翻封建帝制以来至今百年多的历史变迁,可以分为三个阶段,民国时期(1911—1949年)、计划经济时期(1949—1978年)和改革开放以来(1978—),因此,对建国以来我国社会福利供给的研究,本文以1978年为界分为两个时期。

③ 刘继同:《中国社会工作发展状况与社会福利政策处境》,《首都师范大学学报》(社会科学版)2005年第1期。

④ 田凯:《关于社会福利的定义及其与社会保障关系的再探讨》,《上海社会科学院学术季刊》2001年第1期。

⑤ 郭伟和:《论影响中国城镇社会福利政策变化的若干因素》,《民政论坛》2001年第2期。

⑥ [英]莱恩·多亚尔等:《人的需要理论》,汪淳波译,商务印书馆2008年版。

⑦ 潘屹:《中国农村福利》,社会科学文献出版社2014年版。

⑧ 据《当代中国的民政》(崔乃夫编)显示,1949—1978年间,中央出台关于社会福利方面的政策法规共有50余件,其中竟无一件含有"福利"这一概念的政策法规。

会福利供给也开始从"国家—单位"模式向"国家—社会"模式的转变，但政府在福利供给中主导作用是不容置疑的①。陈治则对福利供给中政府的权力进行了分析，主要表现为：福利供给规划与契约发动权；选择福利供给其他参与者；投标审查与契约的授予权、监督权及变更与终止权等②。田凯从政治、文化、社会环境等方面分析了社会福利的实际处境，他认为在当下的国情境遇之中，政府仍然在社会福利制度中承担着最重要的供给角色。而在不遗余力地坚守供给首要主体的角色之外，政府也要重视市场和社会力量的补充性作用，不断推动其投身到社会福利的供给之中③。彭华民则从需要的角度提出，如果只强调国家在社会福利中的作用，可能会重蹈福利国家危机的覆辙，社会需要与提供需要满足的社会制度有不同的对应关系，国家、家庭、市场、社区以及社会中的各类组织，它们拥有满足需要的不同作用，都应被视为需要满足的提供者④。

老年福利作为我国社会福利体系的重要组成部分，其供给模式与社会福利的供给模式基本一致。因此，本文对老年福利供给模式的分析，一定程度上可以视为对社会福利研究的缩减版。老年福利供给的多元化已得到了学术界的一致认同，但是政府在福利供给中的主导作用并没有被其他组织所取代，老年福利的供给越来越倚重于制度性的福利安排。

4. 广义福利视野下我国老年福利供给的制度安排

根据老年人的特殊需求和老年人自身的特点，给老年人提供物质帮助和社会服务，是全社会的共同责任。从社会公平的视角来看，为老年人提供合适的社会福利，让老年人与中青年人一起共享发展的成果是社会公平尤其是代际公平的需要⑤。从社会发展的视角来看，为老年人提供合适的

---

① 周沛：《福利国家和国家福利——兼论社会福利体系中的政府责任主体》，《社会科学战线》2008年第2期。

② 陈治：《福利供给变迁中的政府责任及实现制度研究——福利供给的国外考察与启示》，《理论与改革》2007年第5期。

③ 田凯：《机会与约束：中国福利制度转型中非营利部门发展的条件分析》，《社会学研究》2003年第2期。

④ 彭华民等：《西方社会福利理论前沿——论国家、社会、体制与政策》，中国社会出版社2009年版，第34页。

⑤ 吴忠民：《老吾老以及人之老——当下的社会公正问题》，《社会学家茶座》（第1辑），山东人民出版社2002年版。

福利，使老年人不仅"老有所养"，更能"老有所为"，有助于社会的和谐稳定，更利于社会经济的全面发展。

养老保障是最重要的社会福利制度安排之一，也是学术界关注度最高、聚焦最持久的研究。随着政府对老龄化以及民生问题的持续重视，我国的养老保障制度在不断改革和完善，制度建设的全面推进，已经取得了显著成就（在后续章节中有详细论述），但在发展中仍面临一些亟待解决的难题，郑秉文把其概括为碎片化[1]。杨燕绥、李学芳指出，碎片化的养老保障制度使得财政负担加重和养老金制度的合理性降低，造成了制度的缝隙和人群的老无所养以及福利差距和福利陷阱。[2] 关信平认为制度分割、缺乏整合是制度碎片化的主要表现。郑功成从市场经济的发展与养老保险制度之间的关系着手，他认为，如今的基本养老保险制度具有低层次统筹的特征，养老保险费率具有地域性的差别。从市场参与主体的角度分析，这会导致不同地域企业的社保负担不一，从而影响公平竞争的政策，限制劳动力的自由流动。从国家宏观调控的角度分析，养老保险费率的地域性差别阻碍了跨地区的产业结构调整[3]。除了养老保险费率的地区差异，米红提出了"制度碎片化"与"管理碎片化"的概念。她强调，各地区拥有制定相关保障制度的权限，容易割裂制度的整体一致性，会产生上述的两个碎片化问题。从而增加管理、运行的成本，并且不利于保障关系的跨区域转移，更不利于未来保险制度的全国性统一[4]。

郑秉文将社会保障制度的碎片化问题概括为以下几个原因。其中，决策者群体中存在的问题包括：他们对碎片化问题的消极影响缺乏认识，中央政府对养老保障制度的设计过于框架（粗犷）化，细节性条文需要省政府具体制定，这就容易造成政府的上下层级间、区域之间存在较大差异。除此之外，还存在其他的原因：学界的研究和媒体的宣传还不足以引

---

[1] 郑秉文：《中国社保"碎片化制度"危害与"碎片化冲动"探源》，《甘肃社会科学》2009年第3期。

[2] 杨燕绥、李学芳：《中国养老金政策存在的问题与立法对策》，《河北学刊》2010年第3期。

[3] 郑秉文：《实现全国统筹是基本养老保险制度刻不容缓的既定目标》，《理论前沿》2008年第18期。

[4] 米红：《农保：谨防碎片化》，《中国社会保障》2008年第4期。

起决策层的重视，具体的执行过程中，负责老年保障的相关部委之间相互博弈、竞争或推诿，政策的运行成本太大等[①]。林毓铭指出，养老保险制度碎片化的原因在于区域间的政策差异以及"分灶吃饭"的财政体制等因素制约了统筹层次的提高[②]。毕云天将当下社会福利的管理体制形象的称为"多龙治水"与"部门分治"，用以形容各主管部门相互分立，缺乏有效统一局面[③]。杨方方认为，中央政府与地方政府之间存在着权责划分不清的问题，从而导致在社会保障政策制定、实施、管理以及监督等方面，都缺少有效的协作与配合，容易出现博弈或推诿的现象[④]。

是否应该建立一个在全国范围内统一制度、统一规定、统一标准、统一征收和统一管理的社会保障制度，成为学术界争论的焦点。在郑功成看来，当下的基本养老保险制度仍然具有明显的地方分割与低层次统筹的特点，这势必会对制度本身，以及社会经济都造成诸多消极的影响。实现基本养老保险全国统筹是刻不容缓的目标[⑤]。胡鞍钢更为认可"费改税"的策略，他认为可以征收统一、强制性、明确规定的社会保障税，从而作为社会保障的资金来源[⑥]。鲁全指出，既有的理论研究并没有对我国的养老保障制度作整合、全面，以及动态的分析，因而他从制度分析的角度出发，提出了一个分析框架，从制度目标、内部结构、外部环境以及具体运行四位层次对养老保障制度展开分析[⑦]。谭兵肯定了养老保障制度内部存在层级、区域差异的必要性与可行性，但是他也认为，差异过大会导致碎片化问题的出现。所以消除碎片化问题的途径，是要将城乡差别、行业差

[①] 郑秉文：《中国社保"碎片化制度"危害与"碎片化冲动"探源》，《甘肃社会科学》2009年第3期。

[②] 林毓铭：《完善养老保险省级统筹管理体制的思考》，《市场与人口分析》2007年第4期。

[③] 毕云天：《论大福利视域下我国社会福利体系的整合》，《学习与实践》2012年第2期。

[④] 杨方方：《中国转型期社会保障中的政府责任》，《中国软科学》2004年第8期。

[⑤] 郑功成：《实现全国统筹是基本养老保险制度刻不容缓的既定目标》，《理论前沿》2008年第18期。

[⑥] 胡鞍钢：《利国利民、长治久安的奠基石——关于建立全国统一基本社会保障制度、开征社会保障税的建议》，《改革》2001年第4期。

[⑦] 鲁全：《养老保障制度的整合分析框架及其应用》，《中国人民大学学报》2008年第3期。

别、区域差别都限制在一定范围之内①。在如何推动全国统筹的进程中，郑功成坚持一步到位，反对逐层推进，他认为量的累加容易增加改革的阻力，不利于改革的最终实现②。

（三）文献评论

通过对整体性治理理论和实践应用的梳理，我们发现关于整体性治理的研究存在以下特点：1. 国内学者更多的将视线聚焦于理论的阐述与西方经验的总结，缺少对本土化问题的反思和创新。也有学者将整体性治理视为具有普适意义的理论，缺少与中国实际相结合的反思与延伸。有深度的理论反思与学术批判的文章较少；2. 学者们缺少对整体性治理理论整体、全面的阐述，我们只能从对整体性治理的理论与实践既有研究中把握这一理论的基本观点、主体框架，而难以获取更为全局性的认识。同时既有的研究主要侧重对理论本身的介绍，没有对这一理论在西方国家的实践过程展开详细研究；3. 大多数学者也认为整体性治理理论对我国的行政改革具有重要的启发和借鉴意义，可用于指导中国的行政改革实践，研究呈现出多维度和全面发展的态势。

总之，我们的后续研究可以在已有成果的基础上继续向前推进，已有的成果为我们奠定了坚实的基础，这也从另一个侧面说明整体性治理与中国实践的融合还有一个过程，要不断地吸收、消化与内化，进行更广泛深入的实践和理论探索。而这，就是本研究的理论价值所在。

进入 21 世纪以来，老年福利逐渐成为学术界一个热门话题，相关的研究成果也不断涌现。这是学术研究回应社会现实需要的最好例证。通过上文的文献回顾，我们发现国外学者对老年福利的研究是从广义的角度展开的，而我国学术界主要从狭义的层面理解老年福利，忽略了"福利"的本质内涵，使得对福利理论的理解出现了一定的偏差，相关研究有待进一步深入。

虽然，国内学者已经对老年福利供给中存在的碎片化问题进行了详细的研究，但绝大多数则是集中于、甚至主要停留在某一具体的维度而展开

---

① 谭兵：《基本养老保险政策的"第三类"错误》，《广东社会科学》2011 年第 3 期。
② 郑功成：《实现全国统筹是基本养老保险制度刻不容缓的既定目标》，《理论前沿》2008 年第 18 期。

分析，并没有对老年福利作全面、整体的研究，也没有形成具有一定深度的理论。所以，本文采取整体性治理理论的分析框架并结合我国老年福利供给的实际情况，从广义福利视野出发，对我国老年福利的供给模式和制度安排进行研究就显得尤为重要。

四 研究思路与内容安排

（一）研究思路

人口老龄化在当今世界范围内已经成为普遍趋势，同全球化、城镇化、工业化一道成为重塑世界发展格局的基础性力量。而对我国来说"老年人口基数之大，老年抚养比之高"特征异常明显，增进老年群体的民生福祉，满足老年群体"美好生活的需求"就成为全社会的共同追求。但是在包括养老保险、老年健康、养老服务等内容的老年福利的供给过程中，不可避免地出现福利供给的"不平衡、不充分"，即碎片化问题。本研究紧紧围绕着老年福利供给中的碎片化展开分析。

通过文献梳理发现，整体性治理对象的一个典型特征就是碎片化，同时，老年福利供给又是一个"棘手性"公共问题，由此判断出整体性治理理论完全适用于对我国老年福利供给的分析。根据整体性治理理论的分析框架——跨层级治理、跨部门治理和公私合作伙伴关系，加上我国老年福利供给独特的"历史性""国别性"，笔者构建了我国老年福利供给碎片化分析的三个维度——区域分析、部门分析和供给主体分析。根据不同维度对老年福利供给碎片化的具体表现及成因进行剖析。最后，提出了我国老年福利供给碎片化整体性治理的路径，即实现我国老年福利供给的跨区域整合、跨部门整合和构建公私合作伙伴关系。

（二）内容安排

基于以上研究思路，本研究除绪论和最后一章结论外，共有四部分（共六章）内容，具体如下：

1. 第一部分，即第一章：我国老年福利供给的理论分析工具。从整体性治理理论的缘起入手，通过梳理西方公共行政理论和实践的发展，指出整体性治理就是对传统公共行政的衰落及新公共管理改革带来的碎片化问题的战略性回应，并成为分析"棘手性"公共问题的有力工具。在对整体性治理框架进行阐释的基础上，根据我国老年福利供给的实际情况，

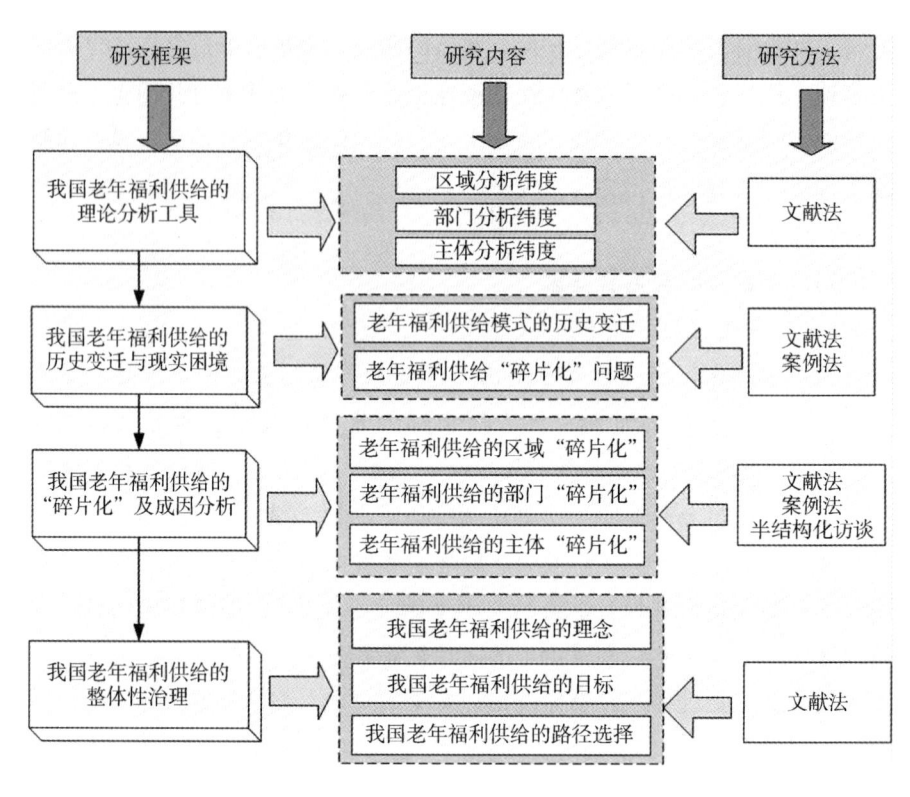

图 0—5 论文研究技术路线图

提出我国老年福利供给碎片化问题的三个分析维度。

2. 第二部分,即第二章:我国老年福利供给的历史变迁与现实困境。老年福利供给经过三个不同的发展阶段,朝着整体性协同的方向发展,并取得了很大成就。但另一方面,老年人的福利需求在工业化、现代化和市场化交织的过程中始终缺乏同等的回应,老年福利差距持续扩大,致使老年人享受的福利水平和获得的福利项目不公平和不平等,老年福利供给存在碎片化困境。

3. 第三部分,根据整体性治理理论问题分析的三个维度,分别从区域、部门、供给主体三方面对我国老年福利供给的碎片化进行了阐释。该部分由第三、四、五章构成。

第三章:我国老年福利供给的区域碎片化,主要关注的是同一制度安排在不同统筹区域之间的差异。以基本养老保险为例,虽然目前我国已经实现了基本养老保险的省级统筹,但省际之间的差距十分明显。通过筹资模式、管理模式和征缴体制分析省际区域之间的不同,并进一步通过基本养老保险覆盖率、制度赡养率、实际缴费率、养老金替代率和养老保险金结余状况等具体指标对养老保险的区域差异进行分析。

第四章:我国老年福利供给的部门碎片化,主要聚焦于政府内部,讨论了政府横向部门之间的冲突、分裂。老年福利供给的职责被划分到多个不同的职能部门。各种分而治之的管理体制导致各部门的职责范围都是有限的,其整合资源的能力也受到了限制。尤其在需要部门合作以处理较为复杂的老年福利问题时,各部门之间的冲突以及部门本身具有的自利性,都容易导致部门供给的碎片化问题的出现。

第五章:我国老年福利供给的主体碎片化,主要对老年福利的供给中政府、市场、社会组织、家庭等主体的功能与限度进行了分析,指出单一福利供给主体已经无法满足老年人福利需求的多样化。公共部门(政府)和私营部门(市场、社会组织、家庭)的合作供给则为问题的解决提供了一种新的解决办法。通过实践中对济南天思养老服务中心和善德养老院的调研发现,公私合作供给在实践中得到了广泛的应用,但公私双方主体之间并不是平等的协作关系,公私供给主体的良性伙伴关系并未形成。

4. 第四部分,即第六章:我国老年福利供给的整体性治理。老年福利供给的碎片化迫切要求政府进行变革以提高服务的品质和回应性。制度微调已无力解决碎片化问题,不仅不能为去碎片化带来持续性的改善,反而会固化已有的路径。这就需要超越既有的制度框架,立足当前、放眼长远,制定老年福利供给整体性治理的战略目标,对老年福利供给进行统筹规划;在老年福利供给中,可以通过政府上下级及同级部门间权力责任的合理划分,将碎片化的福利供给整合到统一体中,优化福利资源配置的效率,寻求和扩大老年福利供给的公平;同时,在老年福利供给中,政府在承担主导责任的同时,必须发挥家庭、市场、社会组织等各主体的力量,并对其进行准确合理的定位,在此基础上构建公私合作伙伴关系,实现福利资源的有效供给。

五 研究方法与创新点

(一)研究方法

研究方法是人们观察和分析事物及其运动变化的一种视角和思维方

式。本研究坚持理论研究和实证研究相结合的思路，运用以下几种分析方法。

1. 文献分析法

围绕整体性治理以及老年福利两大主题，本文将收集相关的文献资料，并对其中的适用性内容有所借鉴、展开分析，做出延伸。具体来说，本文所需的文献资料主要包括：一是来自各政府部门、全国老龄委的数据信息。比如国家统计局资料库中关于老年人口与养老保险的统计数据、民政部提供的关于养老服务的数据，以及全国老龄委数据库中的相关资料。二是既有的研究。主要是与养老保险、医疗保险和养老服务等有关的文献资料，通过对文献资料的研究，笔者可以大致了解老年福利供给研究的现状及现有成果，以及研究中存在的难点和空白领域。

2. 案例分析法

作为一种常用的定性分析方法，案例分析法适合对现实中复杂而具体的问题进行深入、全面的考察。Yin 指出，案例研究不同于统计分析，案例研究依据的是"分析性归纳"，而统计分析依据的是"统计性归纳"。[①] 案例分析法具体分为三类，分别是探索性、描述性、解释性的案例研究。界定一个研究问题的实验性研究往往采用探索性案例研究方法；在研究前就有明确的理论导向，明确问题的分析单元并有清晰的案例分析框架，一般采用描述性案例分析方法。解释性案例旨在分析影响案例发展或走向的多重因素，并从各种相关关系中梳理出因果关系。本研究将采取后两种案例分析方法，通过一系列有关养老的案例为福利供给中存在的问题提供了有力的支撑。

除了通过文献搜集到的案例外，本文还实地调研了两个具体案例：(1) 济南天思国际养老服务中心。济南天思国际养老服务中心是天思国际与济南市社区服务中心合作的项目。天思国际是全国连锁的养老服务集团，其在 2003 年成立之后，一直致力于提供全方位社区养老服务，已基本形成其养老产业闭环运营模式。济南市社区服务中心是济南市民政局下属的自收自支事业单位。2015 年，天思国际与济南市民政局社区服务中

---

① 王金红：《案例研究法及其相关学术规范》，《同济大学学报》（社会科学版）2007 年第 3 期。

心合作建立"济南天思国际养老服务中心"。济南市社区服务中心无偿提供3000多平方米的场地，天思国际成立养老服务中心负责运营，共同打造一个集日间照料服务、居家入户服务和全日制照护服务为一体的服务中心。（2）济南善德养老院。济南善德养老院位于距济南市市中区十六里河大涧沟西村。2009年，济南市委、市政府提出建设大型综合型公办养老服务设施意见，为此2011年济南市政府批复成立了"山东济南养老服务中心"，以山东省、济南市两级福彩公益金为主要资金来源，由济南市为主负责对项目进行建设及管理。整个养老服务中心分为两期，一期为医养结合的养老服务机构；二期为养老公寓。2013年《关于加快发展养老服务业的若干意见》出台后，济南市民政局提出对项目实施市场化运作的思路。2014年3月11日，济南市政府采购网正式发布项目一期委托运营招标公告。2014年7月16日，与山东大学第二医院正式签订委托运营合同。山东大学第二医院为此专门成立了民办非企业机构济南善德养老院。

3. 半结构化访谈

访谈法是质性研究中最重要的一种收集资料的方法。访谈是一种研究性交谈，通过人与人的直接沟通与交流，而收集（或者说建构）第一手资料[①]。根据谈话的正式化和结构化水平，通常把访谈法分成三种类型：结构化方法、半结构化方法、非结构化访谈或深度访谈[②]。本研究采用了半结构化访谈方式，事先围绕研究主题制定访谈提纲，所有访谈都是依据这一提纲来进行。中间遇到被访者的回答过于简短或过程中产生一些新的问题时，我们会要求被访者给出更多细节信息。所有这些访谈都被录音，保证访谈中信息的无遗漏。每个人访谈时间在2小时左右。访谈结束24小时内，所有访谈录音资料被整理成文字档。访谈中笔记也会被整理。

本研究中的部分数据来源是历时3个多月（从2017年4月初至2017年7月底）对政府及合作机构6名相关人员的半结构化访谈（表0—6）。本文第五章关注的一个重点是政府与社会、市场主体间的合作，由此本研

---

① 陈向明：《质的研究方法与社会科学研究》，教育科学出版社2010年版，第165页。
② ［英］马克·桑德斯、［英］菲利普·刘易斯、［英］阿德里安·桑希尔：《经济管理研究方法：为学生量身定制》（第五版），东北财经大学出版社2011年版，第302页。

究把主要访谈对象定位在政府、社会、市场主体中具有较高层级的领导者,他们是老年福利供给中具体事项的决定者、推动者及见证者。同时考虑到相关事件的精确性,又在每个主体机构中增加了对领导助理或是分管部门领导者的访谈,访谈目的有两个:一是通过再次访谈的印证来避免领导者记忆中的误差;二是搜集整个事件发生的内部文字记录或档案。在济南善德养老院案例中,分别访谈了养老服务中心两名管理人员和养老院的一名管理人员。天思国际养老服务中心案例中则访谈了天思养老服务中心两名管理人员和社区服务中心一名管理人员。

表0—6   案例访谈对象及其编号一览表

个 案	访谈对象①	编号
天思国际养老服务中心	天思养老服务中心总经理Z	TSY1
	天思养老服务中心经理助理T	TSY2
	济南市社区服务中心主任Y	TSS1
济南善德养老院	济南养老服务中心主任Z	SDF1
	济南养老服务中心主任助理S	SDF2
	善德养老院副院长W	SDY1

(二)创新点

本文基于整体性治理理论的分析框架对我国老年福利供给存在的碎片化问题进行了全面、系统与动态的分析,提出了我国老年福利供给下一步改革的合理方案。因此,可能的创新之处主要体现在:

一是研究视角的创新。本文是在广义福利概念界定下对问题展开研究的。通过文献梳理发现,国内学者将研究的重点置于狭义老年社会福利、养老保险、医疗保险单个养老项目上,回避了老年福利需求全方面的实际情况。由于老年福利牵涉到方方面面,若不能形成一个整合性的福利概念,就很难解释为什么在物质条件大为改善的今天,老年的福利需求没有得到相应改观。因此,在老年的福利研究中亟须形成一种强有力的大福利观。

---

① 出于研究伦理以及对研究者意愿尊重,本研究访谈对象均用其姓名首字母表示。

二是研究工具的创新。整体性治理理论为全面理解、把握老年福利供给中的碎片化提供了一种解决问题的思路。笔者借鉴整体性治理理论的分析框架,并结合我国老年福利供给的现状、问题,全面刻画中国老年福利的分割、冲撞、困境,从跨区域、跨部门和公私伙伴关系三个维度构建了我国老年福利供给的整体性治理框架,进一步明确福利改革的方向。

第一章　老年福利供给分析的理论工具

20世纪行政学的发展基本上是建立在传统的官僚组织体系之上的。20世纪80年代以来,由于新公共管理运动的兴起以及政府再造运动的持续发酵,各国政府的组织及运作发生了很大的变化。20世纪90年代以来,治理一词成为学术研究中的热门词语,学者们常用"治理"一词来形容相互连接、合作而共同进行公共活动的组织类型,这一广泛合作的组织形式将会大大扩展政府的服务范围。所以,治理不仅指从属于政府体系中的公共机构要负责政策的制定与实施,同时也要求实现公共目标所必需的多个组织与多种联系。

整体性治理通过三维立体结构,将政府层级、政府部门以及公私部门的伙伴关系进行重新整合。作为行政面向研究最具创新性与前瞻性的理论之一,整体性治理理论已经得到越来越多理论研究者与实践者的认可。

本章的目的在于探究这一兴起于西方的理论能否解释我国老年福利供给中存在的问题。这就需要我们对整体性治理理论进行系统地梳理,考察这一理论工具对我国老年福利供给的适用性,并将其操作化为一个适用于分析我国老年福利供给的解释框架。

第一节　整体性治理理论的缘起

"公共行政是理论与实践广泛而无确定的结合,它的目的是促进更好地理解与认识政府及其所治理社会之间的关系,鼓励公共政策更多地回应社会需求，开创符合效率、效能和公民深层需要的管理实践"①。现实中政府因面临种种危机而展开的持续性的政府改革浪潮，为公共行政的发展提供了源源不断的空间，既丰富了行政研究的视野和方法，也带来了公共行政理论和实践模式的变革。政府如何以最低的代价为公众提供丰富的公共产品，如何快速行动才能让公众享受便捷的公共服务，这不仅需要对政策方案和行动战略进行重新调整，而且会促动理论界创造出新的思想产品。

本节将传统公共行政、新公共管理和整体性治理视为发展的连续统，从中梳理整体性治理的学术背景和社会背景，并将实践与理论相结合，探寻其内在变迁的规律，为公共行政未来的发展指明方向。

一 整体性治理的学术缘起

（一）传统公共行政的理论与实践困境

"自从有了政府，就有某种形式的行政存在"②，早期行政与政府这两个概念是同步发展的。同时其"人格化"的特征尤为突出，"以效忠于国王或大臣等个体为基础，是人格化的而非专业化的，即以合法性和效忠于组织与国家为基础"③，这种行政实践常常导致滥用职权和谋求个人利益的腐败。而行政上的"政党分赃制"则使得从高层到低层的每一个行政职位都由获胜政党的人占据，这种体制效率差、效能亦差，任命执行部门与司法部门官员方面存在越来越多的冲突，政治、行政与不信任逐渐联系在一起。早期行政形式的固有问题最终引起了 19 世纪后期的变革，并导致与传统行政模式相关的改革。

传统公共行政在 19 世纪末 20 世纪初一经产生，便迅速确立了自己的核心原则和基本信条，并且得到理论界的一致认同。政治与行政分离的思想为现代文官制度奠定了基础，官僚制意味着基于"功绩"基础上的人事雇佣、提升和留职，这适应了当时传统社会瓦解和现代资本主义社会兴

---

① [美] 尼古拉斯·亨利：《公共行政与公共事务》，孙迎春译，中国人民大学出版社 2011 年版，第 4 页。

② Gladden. E. N. *A History of Public Administration*. London: Frank Cass. 1972, P. 1.

③ [澳] 欧文·E. 休斯：《公共管理导论》，张成福、王学栋译，中国人民大学出版社 2007 年版，第 21 页。

起的客观要求，反映了行政管理的现代化的发展方向。

威尔逊1887年在《政治学季刊》发表《公共行政研究》一文，提出了政治与行政二分原则。威尔逊认为政治与行政应该分开，并进而强调行政科学研究的目的在于效率，公共行政中的价值追求也顺理成章地交由政治过程来完成。古德诺对政治与行政二分进行了系统地阐述，完成了威尔逊提出的对政治与行政进行区分的任务，提出"政治是政策的制定，行政是政策的执行"，自此，公共行政便有了实践遵循的原则和理论构建的基础，并为将韦伯的官僚制理论纳入到行政学体系作了前提准备。

官僚制组织结构和公职人员的地位构成了现代官僚体系的基本原则。等级制是官僚制组织结构的重要特征，上下级有着明确的职能和权限的划分，在这样的组织结构中，无论是任务的层次还是管理的层次上都有高度明确的分工，个人的工作高度专业化，权力与责任高度统一起来，提高了行政人员的工作效率。行政官员受过专业培训，职务稳定，生活能够得到保障，职务的提升完全根据个人的资历、政绩，从低级的职位逐渐向上升迁。行政官员的相对独立性从根本上保障了整个官僚体制的理性和持续性。韦伯的官僚制是一种理想的行政管理体制，是在技术理性和工具理性的基础上构建起来的，已经成为各种正式组织的一种典型的结构，并发挥着重要的作用。

但是，到了20世纪40年代，西蒙便对政治与行政二分原则进行了批评，并提出了"事实—价值"二分。政治与行政二分要求行政者一方在政策上保持中立，但事实上，政务官员和行政官员都在履行政策功能和行政功能，政治与行政过程中都包含了事实与价值两种因素。后来的新公共行政学派与公共政策学派同样认为行政不是价值中立的领域，行政管理者应该对妨碍公平的社会政策进行变革。学者们对政治与行政二分进行了批评，认为它反映的政治价值中立的原则在现实中是不切实际的，无法反映现代公共部门承担的管理及政策制定的角色；这一二分法使行政人员可以理直气壮地逃避责任，致力于避免犯一些尴尬的错误，不愿承认公务服务的政策及政治意义，因为行政是技术性的、中立的、与政治无关。

官僚制完全忽视非正式组织的作用和影响，过分强调工具性正式组织的功能；理想行政组织的提高组织效率的因素，也可能阻碍组织效率的提高；严格按照规章制度办事并不简单地等于唯法规至上、不带任何情感因素,忽视其执政者的主动性和创造性,必然会导致组织和个人的行为过于僵化、缺乏适应性①。

到了20世纪80年代,面对种种危机,政治与行政二分及官僚制理论已经无法充分解释政府面临的现实状况,被认为已不再适合迅速变化的社会需要。从国际上看,随着经济全球化的发展,对国家竞争力提出了更高的要求,而这是传统公共行政模式所欠缺的。从国内来看,与科层官僚机构相伴而生的是行政权力及预算的最大化倾向,随着经济增长放缓或经济发展不稳定情况的出现,政府不得不压缩财政开支、缩减机构规模,"如果必须通过大规模地改变官僚制组织的结构和刺激机制才能提高绩效的话,那么何不仰赖那些已存在于私人市场之中的结构和刺激机制呢",而且"大量原先由政府资助的服务或者是可以市场化,或者是具有在私营部门中加以市场化的潜在可能性"②。政府的部分职能可以回归到私营部门中,公共服务应当被缩减到最小程度。同时,政治与行政二分法逐渐被视为虚构,行政官员在政策制定过程中扮演着越来越重要的角色,打破了文官政治上中立的信条。传统的人事行政模式也发生了重大变化,终身雇佣方式被打破,临时雇佣、合同雇佣成为重要的用人方式。

(二) 新公共管理的理论及实践发展

如同传统公共行政取代人格化、随意性、专制的早期行政一样,新公共管理也是伴随着传统公共行政的衰落和政府的改革实践发展起来的。20世纪70年代末80年代初以来,面对着经济上的财政危机、政治上的信任危机和组织上的管理危机,官僚体制政府越来越难以满足日益高涨和多样化的需求,公共事务陷入了不可治理性危机中。为此,西方主要发达国家不同程度地掀起了一场公共行政改革运动,推行政府体制改革和行政革新成为时代风潮。尽管创新措施层出不穷,所采用的手段也各有差异,但是绩效、成本—效能、顾客回应性、分权、授权、竞争等成了其共同的价值追求,新公共管理成为这一时期公共行政的标签。

澳大利亚学者欧文·E. 休斯指出,建立在正式官僚制、政治与行政

---

① 竺乾威:《公共行政理论》,复旦大学出版社2012年版,第68—69页。
② Niskanen, William A. *Bureaucracy: Servant or Master?* London: Institute of Economic Affairs. 1973.

二分法基础上的传统行政模式已经过时，已被一种建立在经济学和私营部门管理基础之上的新公共管理模式有效地取而代之。这种变革表现为行政模式从官僚制模式向市场化模式的变迁，这种变革也意味着市场与政府、政府与公民以及官僚制组织与公民之间关系的转变。[①] 新公共管理既是当代西方国家政府管理研究领域的新理论，又是政府管理的新实践模式。

新公共管理有自己一整套的理论、原则、假定和方法，代表了政府管理研究领域发展的新阶段。对于什么是新公共管理，西方国家的学者及政府部门的实践者们给出了不同的回答。胡德认为新公共管理的要素包括：专业化管理；重视绩效的明确标准和衡量；注重产出控制；单位的分散化；促进公共部门间的竞争；私人部门管理的风格；注重资源使用的几率和节约[②]。波利特则认为，新公共管理强调企业管理的理论、方法、技术及模式在公共部门的应用，具体包括：运用市场机制或准市场机制来提供政府服务；政府服务在组织和管理方面的分权化；提升服务品质；注重顾客需求。[③] 霍尔姆斯与桑德分别从世界银行和经济合作与发展组织从业人员的角度把新公共管理称之为一种良好的管理方法：更具战略性和结果导向的决策方法；分权化的管理环境，重视服务提供及顾客的反馈；弹性化的公共服务提供方案；权力与责任的一致性；竞争；强化管理中心"驾驭"政府的战略能力；有效的预算与管理体系。[④] 根据上述学者的概括和其他有关公共管理的资料，新公共管理的研究领域具体包括[⑤]：（1）专业化的管理。新公共管理强调专业化管理，公共组织要有所作为，让公共管理人员成为管理者，介入决策和政治性事务的过程，承担相应的责任。（2）明确的绩效测量标准和指标。新公共管理强调组织必须关注结果或产出，而不是投入。通过制定绩效测量标准和指标，并以此为方法，对组

[①] Owen Hughs. *Public Management and Administration: An Introduction*, Macmillan Press LTD., ST. Martins Press Inc., 1998.

[②] Hood, Christopher, *A Public Management for All Seasons?*, Public Administration, 1991, 69 (1). pp. 4–5.

[③] Pollitt, Christopher. *Managerialism and the Public Service: Cuts or Cultural in the 1990s*. Oxford: Basil Blackwell. 1993. p. 1980.

[④] Holmes, M. and Shand, D. Management Reform: Some Practitioner Perspectives on the Past Ten Years. *Goverance*, 8 (5), pp. 551–578.

[⑤] 陈振明：《评西方的新公共管理范式》，《中国社会科学》2000 年第 6 期。

织实现目标的过程进行测量。(3) 项目预算和管理。新公共管理主张将所有有关该项目、子项目甚至更低层次项目的成本罗列出来，根据项目预算进行资金分配，对预算所承担的责任也被转移到较低层级，在进行预算的同时，将资源直接配置给那些有助于战略目标实现的项目。(4) 顾客至上。新公共管理强调首先为顾客服务，顾客至上，把公民变成顾客，从而以市场取代政府，满足不同需求的顾客的需求。(5) 组织机构的分化与小型化。将机构划分为若干个不同的部分，为小型政策部分提供服务，将提供公共物品与服务的部门与支付部门相结合，从而提高了物品与服务供给的效率。(6) 引入竞争。与通过官僚制方式提供产品与服务相比，通过签订合同而提供竞争性的产品和服务有助于降低成本，提高公共物品及服务的效率。(7) 私营部门管理方式的引用。私营部门的一些管理方式如项目预算、人事变革、绩效奖励、聘任制等比公共部门的管理要有效的多，无论公共部门还是私营部门在管理上都有相似性，因此，新公共管理主张采用私营部门的管理模式重塑公共部门管理。(8) 改变管理者与政治家、与公众的关系。在新公共管理的模式下，政治家与管理者之间的关系更具有灵活性，现在的公共管理者已参与政策事务，也参与政治事务，公共管理已经成为政治管理的一种形式，公共管理者已逐渐成为官僚政治家。市场机制、顾客至上等机制的引入，改变了公民纯粹的被动服从的地位，这就要求公共部门与个人作出更有效地回应，认识到管理者与公众之间的直接责任关系，从而更好地满足公众的要求。

新公共管理为西方政府改革提供了一种新的实践模式，具体表现为：1979 年撒切尔夫人上台之后，英国保守党大力推行激进的政府改革计划，开始了以引入竞争机制，以顾客为导向、注重商业管理技术为特征的新公共管理改革；美国的新公共管理带有明显的管理主义或新泰勒主义倾向，1993 年克林顿上台之后美国开始了大规模的政府改革——"重塑政府运动"，坚持结果控制、顾客导向、简化程序和一削到底的原则；新西兰和澳大利亚在 20 世纪 80 年代的改革中更明确地在公共部门中引入私人部门的管理方式和市场机制，采用了管理主义的模式；欧洲其他国家的改革同样具有明显的管理主义色彩，或多或少地带有新公共管理主义的倾向。这场改革具有普遍性、持续性、长久性的特点，西方各国引入竞争机制，采用了商业管理的理论、方法和技术，提高了公共管理和服务的质量。

新公共管理的理论和实践模式突破了官僚体制的低效和僵化,在西方公共行政史上产生了深刻的影响和积极的作用,但是它远非是完善的。在新公共管理的模式下,传统公共行政中政治与行政二分的难题并没有得到有效解决。政治领导人可能会任命那些认同其政治目标或立场相同的高层文官担任各部门的负责人,这就损害了文官在政治上保持中立的传统,从而导致政治腐败及权力滥用。此外,竞争机制的引入、顾客至上的原则、以经济、效率和效益为追求目标的改革取向,不仅将公共产品和服务系统逐步部门化、破碎化,影响了行政效率和效益,更使得政治和行政领导丧失了采取协调性综合性行动处理复杂政府问题的能力。对于公民而言,他们所需要的是公用部门提供产品、服务的一体化、快捷化,这就要求公共部门重新考虑流程的设计和作业的规范化。

与此同时,随着信息技术的发展,越来越多的公共问题正在从地方化走向区域化、全球化,问题的解决也需要各级政府、国家之间的共同努力。历次政府改革的实践和现时情景呼唤整体性治理模式的兴起。

二 整体性治理的现实渴求

(一) 风险社会的来临

贝克和吉登斯是对风险社会进行研究的主要代表人物,贝克在其著作《风险社会》中对风险进行了详细论述。风险是人类社会发展到一定阶段以后才出现的,是一个历史范畴。人类历史存在不同的社会形态,但从总体上说都是一种风险社会[1]。贝克认为,传统社会也存在风险,那时面临的风险主要来自大自然的威胁,例如洪灾和传染病、人类暴力的威胁以及宗教或巫术影响的风险[2]。伴随着技术的进步和社会的发展,当代世界越发处于不安全和危险中,是人类对社会条件和自然干预的结果,例如恐怖袭击、核安全问题、金融风险问题,地震、飓风等自然灾难,风险社会中的风险在全球范围内随时可能发生。

当今社会风险的主要特征表现为:(1) 风险社会中风险的无法预测

---

[1] 薛晓源、周战超:《全球化与风险社会》,社会科学文献出版社2005年版,第60—83页。

[2] [英] 吉登斯:《现代性的后果》,田禾译,译林出版社2011年版,第109—114页。

性、不可控制性和不可见性。当今社会中的某一项决策可能会毁灭我们人类赖以生存的地球上的所有生命，这一点表明当今社会与历史上所经历的各个时代有着根本的区别。（2）风险的非均衡性与延展性并存。风险在全球范围内并不是均衡分布的。环境风险存在污染与贫困如影相随的规律，也就如贝克所说极端的贫困和极端的风险存在相互的"吸引"①。传统风险具有地区性的特征，影响范围为一定地域内的一定群体，而现代风险具有延展性的特征，它反映的不是某一地区、某个领域发生的问题，它是一种普遍性的问题，是人类走向全球化进程中遭遇到的共同的问题。（3）风险的相互关联性。传统社会的风险是相对独立的，其影响面比较小，而现代社会的风险具有很强的关联性，一种风险可能是由其他未知的风险引起的，而这种风险又会影响生活中的其他领域，致使整个社会处于一种风险状态，并且这种风险会波及全人类，对整个社会造成莫大的伤害。

同时，目前存在的行政制度，本身即存在制度化的风险。如同贝克所言，在同风险抗争的过程就是"再造政治"②。主要包括：破除专业知识的垄断，实现决策结构的开放，让公众充分了解信息，积极参与到决策的商议和制订过程中，由专家和决策者的闭门协商转化为公开的对话，促进带有一定风险的科学成果得到公众的接受与信任。

（二）社会问题复杂交织

爆发于20世纪70年代的经济危机促使西方福利国家采取措施进行改革，以达到提高政府效率，降低行政成本的目的。西方国家的改革在缓解社会问题的同时，也产生了许多新的问题。"不断变化的经济条件（比如缓慢的增长和'去工业化'）以及人口结构变化的趋势（尤其是人口老龄化），这两方面都威胁着福利国家当前的制度。"③ 西方福利国家面临的经济问题，其最具代表性的就是失业问题。据英国的一项调查报告显示：在

---

① ［德］乌尔里奇·贝克：《风险社会》，何博闻译，译林出版社2004年版，第7页。
② 彭华民等：《西方社会福利理论前沿——论国家、社会、体制与政策》，中国社会出版社2009年版，第289页。
③ ［丹麦］戈斯塔·埃斯平－安德森：《转型中的福利国家——全球经济中的国家调整》，商务印书馆2010年版，第9—10页。

英国，有77%的失业者生活在贫困线以下①。劳动力成本的高昂与一些强制性规则相结合，成为工作增长的主要障碍。西方国家的低出生率和更长生命周期的结合，导致劳动人口的减少，带来沉重的财政负担。

三　整体性治理的实践探索

新公共管理在实践中所遭到的各种质疑、批评，直接促进了整体性治理的兴起。可以说，整体性治理就是对传统公共行政的衰落及新公共管理改革带来的碎片化问题的战略性回应。

1997年，英国工党在阔别执政地位18年后重新执政。针对传统官僚制模式及保守党市场模式存在的局限，工党在政府管理上进行了创新，即在发挥竞争机制的同时，主张通过公共部门与私人部门的合作，为公众提供满意的服务，以"协同性政府"模式取代"竞争性政府"模式，开启了整体性治理改革的序曲。具体的措施包括：在政策制定方面，促进跨部门协作政策的实施；在回应公共服务方面，主张不同服务提供主体进行合作，推进整合服务；在信息时代政府建设方面，主张改善政府间的分裂状态，利用信息技术，促进部门合作。继英国的改革之后，澳大利亚、加拿大、荷兰等国也展开了多元化的改革。澳大利亚联邦政府和州政府、公私部门间在实践中长期应用绩效评估的伙伴关系，自上而下为公众提供合作的服务，中央和地方政府联合起来展开行动；加拿大联邦政府和州政府间、不同部门间通过横向绩效目标协调工作，不同主体联合起来参与服务供给；荷兰中央政府和地方政府间、政府部门间、社会团体间通过绩效目标改善合作与协调等。"整体性治理""协同政府""网络化治理"等则是不同国家对这一改革的描述，"其共同点是强调制度化、经常化和有效的跨界合作以解决公共问题，以增进公共价值，合作的跨界性是其共同特征"②。整体性治理模式已成为西方国家行政改革的普遍诉求，具体内容见表1—1。

---

① David Gordon, etc. *Poverty and Social Exclusion in Britain*, York: Joseph Rowntree Foundation, pp. 68–70.

② 周志忍：《整体政府与跨部门协同》，《中国行政管理》2008年第9期。

表 1—1　　　　　　西方国家整体性治理的实践探索

国别	"联合"的主要范围与方式	"联合"的基本做法与特色
英国	中央与地方之间；部门之间；公共组织、私人组织与志愿组织之间	通过公共部门改革，提供优质的公共服务来推动联合；制定跨组织边界的政策等
澳大利亚	联邦与州政府之间；官方提供跨国的同类服务之间；公共与私人部门之间的伙伴关系	联合的方式主要是自上而下；具有长期的效能测量措施；伙伴关系深入人心
加拿大	联邦政府与地方政府之间；跨部门之间	通过效能目标来协调联合方式，并证明富有成效
荷兰	中央政府与地方政府之间；政府各部门之间；社会团体之间	通过效能目标来改善协调与合作，实施纵横交汇的反馈
新西兰	国家与地方之间；各部门之间	运用策略优先和中心目标来实现联合；通过制定公共预算来实现纵横交汇的政策；精简机构实现部门间联合
瑞典	内阁、区域和地方当局之间	通过协商、妥协实现联合
美国	联邦政府与地方各级政府之间；公共部门、私人部门、志愿部门之间	州政府在很多领域具有独立的权力和分担责任；纵横交汇的效能目标主要通过资金刺激和立法体系来实现

资料来源：根据 Tom Ling. *Delivering Joined-up Government in the UK: Dimensions, Issues and Problems*. Public Administration. 2002（4）一文表格内容整理。

从西方国家行政改革中可以看出，整体性治理的创新性表现为：（1）理念上是以解决人民的实际问题为核心的，以公共利益为目标导向。而传统行政模式和新公共管理模式是以解决问题为核心的。整体性治理认为，如果政府机构的文化、结构和能力是问题取向，那就能更好地解决民众关心的问题；政府虽然是按照功能建立起来的，但并不能解决好所有问题；为了更好地解决问题，专业、层级、部门之间的合作就是必要的，也就是说问题的解决要整体性地进行考虑。政府的整合涉及三个面向：治理层级的整合、治理功能的整合和公私部门的整合。基于这三种整合的面向要求，政府的运作必须以结果为核心，授权给各个单位，整合预算体系，达到治理的最高境界。（2）整体性治理强调服务的"一站式"供给。传统的官僚行政建立在部门功能分工的原则基础上，造成了公共部门供给的分割流程，公众需要向不同的部门提出服务诉求。整体性治理追求的是问题的解决，服务供给的有效性，而不论解决的力量来自公共部门或私营部门，来自哪个机构或哪一层级。基于整体性治理的要求，政府组织运作上的每一个环节都需要相互协调，步调一致，形成一个整体性的运转流程，围绕最终目标，实现服务的一站式供给。（3）整体性治理强调用整体主义的思维和方法思考问题。整体主义的思维和方法是社会科学研究中广泛采用的传统方法，但是由于经济学理论对公共管理的深远影响，整体主义思维和方法论一度被轻视，无论是传统的行政模式还是新公共管理模式，所采用的都是马克斯·韦伯个体主义方法论，造成了治理的碎片化。随着公共管理治理主体的多元化，政府不再是公共产品和服务的唯一供给主体，私营部门、社会组织都成为公共产品和公共服务的提供者，需要在不同部门、不同地域之间进行协调、整合，网络分析方法开始深入到公共管理研究中，迪尔凯姆的整体主义方法论重新受到公共管理学界的重视，希克斯曾指出，整体性治理是一种新迪尔凯姆路径。

第二节 整体性治理的逻辑架构

作为 21 世纪第三波行政典范的整体性治理[1]，与传统官僚制的政治——行政二分法、新公共管理的市场导向、竞争一样，也有其特有的分析工具与思维导向。整体性治理的分析工具和关键命题，可以通过对关键词语的分析进行解读，它们充分描绘了现实状况并赋予其新的含义，并具有价值判断与规范意涵[2]。

---

[1] 彭锦鹏：《全观型治理：理论与制度化策略》，《政治科学论丛》（台湾）2005 年第 23 期。

[2] 韩保中：《全观型治理之研究》，《公共行政学报》（台湾）2009 年第 31 期。

一 整体性治理的对象定位:"棘手问题"

"棘手问题"(Wicked problems)现在越来越多地被用于结构不良问题的描述。早在1967年,C. West Churchman 就对棘手问题做了现代性阐释。1973年,Rittle 和 Webber 进一步对其进行了描述,他们认为:棘手问题并不像普通问题那样有明确的界定;它永远不可能得到彻底解决;棘手问题的解决方式只能是好的或不好的,而不可能是正确的或者错误的;没法对棘手问题的解决方案进行测试;棘手问题的每一个解决方案只能解决局部的特定的问题,需要不断进行尝试;也不存在详尽描述的解决方案;每一个棘手问题具有独特的特质;可以从不同的角度对其进行解读[1]。"棘手问题是指一种跨越了数个部门界限(cross departmental boundaries)的问题,致使没有单一部门能独自轻易解决该问题"[2],在当今社会全球化、物质化、后现代及信息化影响下,棘手问题成为政府所要面对的重要政策问题。

棘手问题得到了众多研究者的关注,如 Helen Sullivan 及 Chris Skelcher 指出棘手问题既涉及了多方的参与者,也涉及了多种组织的权限范围,亦被称做"相互交错的议题"(Cross-cuting issues)[3]。澳大利亚公共事务官 Lynelle Briggs 对棘手问题进行了专门的研究,他以气候安全问题为例,对棘手问题的含义、特征、解决问题的策略等进行了深入探讨。他认为棘手问题最初只用于微观系统对问题进行描述,后来逐渐被用于经济、社会政策等宏观领域,其特征为[4]:(1)棘手问题的内涵、外延的界定存在很大的分歧。分歧的出现缘于不同的观察视角。(2)问题与解决方案互相交织,互相影响;问题是无边界的,使得目标和对象互相冲突。没有哪个部门能单独处理棘手问题,这给政府部门、公共服务提供者、第

---

[1] Rittel, Horst W. J. and Melvin M. Webber. *Dilemmas in a General Theory of Planning*. Policy Sciences 1973. pp. 155 – 169.

[2] Perri 6. *Towards Holistic Governance: the rew Reform Agenda*. New York: Palgrave. 2002. p. 34.

[3] Sullivan, H., & C. Skelcher. *Working across Boundaries: Collaboration in Public Services*. London: Palgrave Press. 2002. pp. 19 – 56.

[4] Lynelle Briggs. *Tacking Wicked Problems: A Public Policy Perspective*. http://www.apsc.gov.au/publications – and – media/archive/publications – archive/tackling – wicked – problems.

三部门和个人行为的协调带来了挑战。(3) 棘手问题解决过程中常常带来其他的问题，因为棘手问题与其他问题交织联系在一起。(4) 是不稳定的。(5) 并没有切实的解决方案。(6) 是非常复杂的。Britan Head 在对以往研究进行分析的基础上，提出了棘手性公共问题的三大特征即复杂性、不确定性、多样性[1]。作者创新性地提出衡量公共问题棘手性的标准，即某个公共问题复杂性、不确定性、多样性程度越高，棘手性的特征就越明显。

在对有关资料进行归纳整理的基础上，笔者对棘手性的特征进行了提炼总结，认为可以从以下三点来判断公共问题的棘手性：(1) 公共问题的非结构化，意在强调公共问题内部结构混乱、问题的解决方案没有"绝对正确"的，只有"相对较好"的。(2) 公共问题的价值冲突性，问题涉及多个利益相关者，问题本身包含多个相互冲突的公共价值。(3) 公共问题的不确定性，问题的解决方案是不断变动的，利益相关者的构成也是不断变化的，对问题的预测变得不可能。

二 整体性治理的对象特征：碎片化

棘手问题在政府组织部门间关系的客观表现形式就是碎片化。正如前文所述，碎片化在不同学科和语境下具有不同的内涵与外延。有研究表明，在由传统社会向现代社会过渡的社会转型期，转型的一个基本特征就是社会的碎片化。当把这一术语应用于描述政府治理时，意指政府结构上的独立性与自主性，在部门利益的蛊惑下往往各自为政，谋求私利。希克斯指出，碎片化是整体性治理首先解决的问题，整合的反面不是分化、专业化而是碎片化。从政府内部来看，碎片化主要是指不同部门之间缺乏协调，导致无法沟通及各自为政的局面。不同部门间难以有效处理共同面临的难题，以至于政策执行时目标难以达成的局面。导致这些问题如此棘手的原因在于政府部门间的裂痕，即碎片化。从政府外部主体的宏观角度考虑，碎片化集中体现在社会资源的（竞争式）分配、角色目标的不一致等。

碎片化远非新公共管理范式的直接结果。希克斯认为，产生碎片化的

---

[1] Head. B W. *Wicked Problems in Public Policy*. Public Policy. 2008 (2).

原因主要有两个：一个是无心的碎片化；另一个是有意的碎片化。无心的碎片化属于非预期的结果，并非出于本意；有意的碎片化强调人为性，相关的决策、参与人员为了个人或机构的利益，有意地影响公共管理的进程，从而导致了碎片化问题的出现。

三　整体性治理的目标指向：问题解决

整体性治理是指在信息技术支持下，政府面向公众实现"无缝隙"服务的整合模式，被视为是继传统官僚制、新公共管理之后理想的行政模式。为了理清整体性治理的理论框架，希克斯提出了三维立体的整合模型，将政府与其他部门、各部门之间互动合作的关系划分为三个面向，分别是层级整合、功能整合以及公私部门整合等。具体如下图所示：

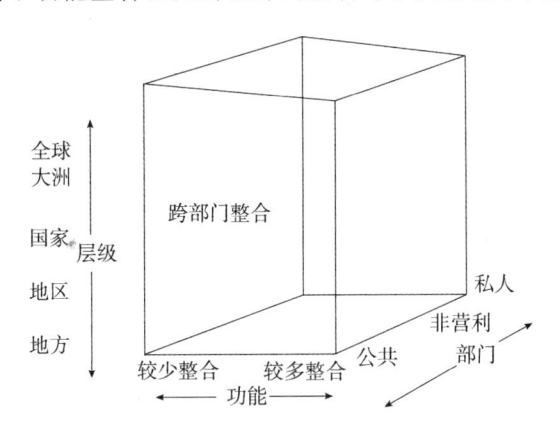

图1—1　整体性治理的三维立体整合模型

资料来源：Perri 6. Towards Holistic Governance: the new Reform Agenda. New York: Palgrave. 2002. p. 29.

整体性治理的结构模式包含纵向等级制和横向职能制以及公私伙伴的三维立体结构。在层级治理方面，它必须整合从地方到中央乃至全球的各种组织、法令规章和运作程序；在功能治理方面，它必须打破传统行政功能划分的结构，并推动政府结构向扁平化和网络化方向发展；在公私治理方面，政府通过转变职能和权力共享等形式以满足相关利益主体的需求[1]。

---

[1] 彭锦鹏：《全观型治理：理论与制度化策略》，《政治科学论丛》（台湾）2005年第23期。

这既是组织机构的整合,也是组织运行机制的整合。

(一) 政府组织层级治理

层级治理主要表现在政府组织间上下级之间的关系,也就是政府组织中纵向上不同层级的组织及部门纵向上形成的以利益关系为基础的权力分配关系,按等级原则对行政权限和职责进行划分。以权威为依托的政府纵向组织层级之间是一种等级森严的关系,它强调下级对上级的服从,通过命令—控制系统来达成目标。但在实际的执行过程中,却导致权力与责任的碎片化,形成"基层政府的政策象征性执行和选择性治理"[①] 现象,财权与事权的碎片化以及行政层级的碎片化。

政府进行层级治理就意味着政府组织结构从金字塔组织结构向扁平化网络组织结构的转变,政府结构层次的减少,行政机构管理幅度的扩大,形成机构设置优化、结构形态扁平的组织体制。建立政府间纵向关系的协调机制,在涉及上、下级利益关系的问题时,上级政府要给予下级政府充分的表达权,下级政府能充分表达自己的利益诉求,这样不仅有利于提高上级政府的民主化和科学化水平,促进上下级组织间的利益平衡,也有利于上下级之间达成一种可靠的利益协调机制。

(二) 政府组织功能治理

政府组织内部功能间的过度分立与隔离是政府组织无法满足公民需求和解决自身问题的重要原因。政府组织功能治理能有效解决部门之间"都要管"的公共问题;能有效解决部门之间"都难管"的公共问题;有利于解决部门"都不管"的公共问题。这就要求:(1) 对相似或相近职能进行整合和综合设置,实行大部门式治理。(2) 构建政府决策、执行和监督相互监督与制约的机制。(3) 建立政府组织协调机制,构建整合型政府组织。

19 世纪政府内部盛行的功能分工原则造成了目前政府组织内部功能间的过度分立与隔离。希克斯认为传统的功能分工原则将给政府组织带来种种弊端:如眼光短浅;错误行为的集中;失衡问题的堆积;缺乏协调

---

① 曾凡军:《基于整体性治理的政府组织层级关系整合研究》,《广西社会科学》2012 年第 11 期。

等①。其实，新公共管理和新公共服务皆主张实行市场取向、竞争取向，解决功能分化带来碎裂化等问题，达到提高行政效率、降低行政成本的目的。但是西方国家的改革实践证明，新公共管理无法解决跨政府内部的功能边界问题，更是导致了政府内部部门间缺乏协调、功能失衡等困境及碎片化治理。

（三）公私伙伴关系的治理

20世纪80年代以来，公私合作伙伴（Public - private Partnership，缩写为PPP）作为一个创新性概念出现在西方国家政府治理的研究领域。如今，在公共政策分析领域，尤其涉及到技术转移、经济发展以及城市治理等议题，伙伴关系的出现频率变得越来越普遍。在实务层面，1982年英国政府明确提出公私合作伙伴关系的说法，决策者希望通过公共部门与私人部门的协调合作，来减轻公共财政危机，同时提高公共服务的效率②。

在本研究中，公私合作伙伴关系是指公共部门和私人部门以协调合作的方式提供公共服务，双方甚至多方在平等互信、积极协商的基础上，建立稳定合作、风险分担、互利共赢的长期关系。具体而言：（1）参与者：公私合作伙伴关系中公共部门的参与主体包括政府层级及其部门，它们是公共利益的代表者；私营部门不只包括私人营利性的公司、还包括非正式企业以及非政府组织③。（2）关系：公共部门与私人部门之间是合作共赢的关系，这种关系并非传统行政模式中上下级关系的延续，而是建立在契约基础之上平等协商的伙伴关系。（3）资源：公共部门与私人部门相互共享相关资源，包括资金、技能、信息、知识等。（4）分享与共享：合作的部门共同承担责任和风险，共享收益。（5）实现方式多样化。

整体性治理中公私合作伙伴关系主要是指以政府为代表的公共部门与以市场、社会组织为代表的私营部门的协调和整合，包括合作的理念、策

---

① Perri 6. *Holistic Government*. London：Demos Press. 1997，pp. 15 - 56.
② 王俊元：《契约途径下社会服务公私协力运作策略之研究——台湾经验与启发》，《公共行政评论》2011年第5期。
③ Batley, R. *Public-Private Relationships and Performance in Service Provision*. Urban Studies，1996，vol. 33，No. 4 - 5.

略以及其他方式，通过多元化的服务来满足公众的需求，为全体公民提供整合型的服务。

第三节　我国老年福利供给分析的理论框架

问题与工具的契合性将直接关系诊断处方的有效与否。为了寻找合适的理论工具，笔者在对老年福利供给问题进行文献梳理的基础上，对整体性治理理论适用于老年福利供给分析进行契合性判断，并提出我国老年福利供给的分析框架。

一　整体性治理理论适用性：我国老年福利供给问题的特征

整体性治理理论作为一种新的理论工具，其应运而生的根源是公共治理中层出不穷的难题，十分"棘手"，以至于传统的行政管理理念乃至新公共管理运动的理论都难以奏效。

（一）我国老年福利供给的棘手性

"棘手性"是整体性治理理论区别于其他理论的一个典型特征，也是问题是否适用于整体性治理思维来研究分析的一个主要判断标准。具体到我国的老年福利领域，老年福利供给的棘手性表现为：

1. 老年福利供给问题的非结构化

非结构化是指无法在单个部门中解决，却又事关重大公共利益的突出问题[1]。老年福利供给是一个复杂的系统，其内部结构子系统的协调程度和对外部政治、经济、社会等环境的适应性都会影响到解决问题的政策制定与政策运行。传统的养老保障被分割为国家保障、单位保障和农村集体保障三大块，它们各成体系且封闭运行，导致单位负担不公平和不堪重负，成为阻碍社会经济协调发展的重要因素[2]。自20世纪80年代以来，我国的老年福利改革取得了很大的成绩：养老保险制度从企业养老机制转变为社会养老机制；基本统一了城镇职工的基本养老保险制度，实行养老

---

[1] 翁士洪：《整体性治理及其在非结构化社会问题方面的运用——以西藏林芝地区"希望工程"政策运作为例》，《甘肃行政学院学报》2009年第10期。

[2] 郑功成：《社会保障学》，中国劳动社会保障出版社2005年版，第72页。

费统一征缴，实现统一的全额缴拨与发放，实现了养老保险的省级统筹；医疗保险实现了制度的全覆盖；多种所有制投资主体进入养老服务领域，开始形成体系完善的社会化养老服务格局。但是，老年福利问题的复杂性，使得并没有一个统一的方案一劳永逸解决所有问题，老年福利问题不适合运用理性的、一次性解决问题的常规决策流程，而只能在发展中选择一个适合本国实际情况相对较好的方案。

2. 老年福利问题的价值冲突性

老年福利问题涉及不同层级政府之间、部门之间、福利供给主体之间、不同群体之间人们的利益冲突。例如我国基本医疗保险根据人群划分为城镇职工、城镇居民、农村居民三大块，这就涉及不同人群之间的利益分歧；我国基本养老保险目前已经实现了省级统筹，离全国统筹还有很长的一段路，这就涉及中央与地方政府以及地方政府之间的分歧；养老服务多元化供给则涉及不同供给主体之间的资源的分配。保障对象因身份不同享受不同的待遇，区域之间、城乡之间以及同一单位内部不同职工之间都存在许多差距。

公平与效率是老年福利供给中不可避免的一对关系。公平作为社会主义核心价值观的要求，在老年福利供给中要尽可能满足老年人公平的要求；效率则要求老年福利供给主体在福利供给过程中，应当以经济、有效的方式，以尽可能少的"投入"，获取尽可能大的"功效"。市场主张效率优先，而社会伦理价值要求社会公正。在老年福利供给中，我们是服从效率还是恪守公平？也是我们面临的一个难题。

3. 老年福利问题的不确定性

新中国成立以来，纵观我国老年福利的发展，从"社会统筹""统账结合""统一制度"到"扩面""提高统筹层次""转移接续"；从"空账运行""隐形债务"到"做实账户""债务显性化"；从"政府失灵""市场失灵""志愿失灵"到"政府与市场合作供给""政府与社会组织合作供给"，并没有找到一条解决人口老龄化的应对之路，同时伴随养老保障压力的持续增加，养老服务需求的持续增长，统筹城乡协调发展难度的持续增强，社会服务管理要求的持续增高，老年福利制度也一直处在不断的改革与完善过程中。

（二）老年福利供给的碎片化特征

整体性治理理论的研究分析框架是建立在研究对象碎片化基础之上的，由此可见，研究对象是否呈现碎片化，是判断是否适用整体性治理理论的又一标准。

关于老年福利供给的碎片化，在第二章中笔者将进行详尽地分析，在此就不再赘述。整体性治理理论认为，导致碎片化的根源既有体制性因素，同时也有政府的自利性因素。同样，导致我国老年福利供给碎片化结果既有经济、社会和行政等各种体制性因素，不可否认也有各级政府、部门及其行政官员基于地方、部门和自身利益的考虑而主观造成的。

老年福利供给本身就是一个复杂的公共棘手性问题，呈现出碎片化的典型特征，这与整体性治理理论的应用范围具有一定的一致性。至此，本节初提及的理论匹配性问题有了一个基本论断：老年福利既是公共问题，又是一个棘手性问题，同时又具有碎片化特征，适合运用整体性治理理论来进行分析。

二 整体性治理理论的应用：我国老年福利供给问题的分析维度

本研究将运用整体性治理理论的分析框架，为我国老年福利的发展完善打开思路。

行政学者罗伯特·达尔指出："适合于一个国家的行政理论，应用到另一个不同的环境中去容易产生问题。我们必须对适用的环境加以研究，才能确定是否予以普遍化"[①]。在行政科学领域不存在适合于任何区域的理论，除非这个理论在构建时就考虑到了其他区域的特殊情景，否则不具有普遍的有效性。我国老年福利供给存在的碎片化具有独特的历史性和国别性，计划经济体制下形成的以国家供给为主的老年福利政策、僵化的福利管理体制等，导致老年福利供给与其他国家不尽相同的中国式碎片化治理形态。但是，在全球化背景下透视治理的涵义，不难发现碎片化问题背后隐藏着诸多共性，特别是随着近几年国内学者持续的研究，整体性治理的对象和概念在我国的语境下不断拓展，已经成为一种分析棘手问题的理

---

① Robert Alan Dahl. The Science of Public Administration, Public Administration Review, 1947 (1).

论工具。例如，针对跨流域治理、食品安全监督等，整体性治理提供了新的治理模式和思路。

为此，笔者借鉴整体性治理理论的分析框架，并结合我国老年福利供给的现状、问题，从区域、部门和公私伙伴关系三个维度构建了我国老年福利供给的整体性治理模型。

(一) 老年福利供给的区域分析维度

老年福利供给的区域分析维度主要是指减少政府纵向的层级，对组织层级进行整合，从而促进政策的有效整合。在我国老年福利政策的执行过程中，中央制定统一的养老政策，而各地会根据本区域的实际情况对政策进行细化或再规划，这就使得养老政策具有层级性的特点，"形成中央统一性与区域多样性的格局"[1]。虽然目前我国养老保险已经实现了省级统筹，但省级统筹的地方属性没有改变。因此，我们要按照统筹的思路，减少政策供给的层级，尽快实现老年福利供给的全国统筹，没有真正实现全国的老年福利统筹，就不会有实质上的老年福利整合。

但是在目前我国老年福利供给中，行政地域边界往往成为福利政策供给的刚性边界，各区域各自为政。这一方面导致省（市、自治区）之间在养老保险关系转移、劳动力要素流动等方面存在壁垒，使政策的可持续性和有效性大打折扣；另一方面又导致了老年福利政策供给的地域不均，各省之间的养老负担仍会畸轻畸重，养老金不能实现跨统筹区域进行调配，就会进一步加大基金供给的结构性矛盾，"不但导致养老基金使用效率低下，而且无法真正分散风险"[2]。

在现实条件下，从福利供给的区域差异性进行分析，有利于我们对老年福利问题的把握；同时由于层级治理与跨域治理在老年福利政策目标上是高度一致的——提高政策的统筹层次，所以，采用"跨区域治理"这一分析维度代替"层级治理"这一维度，更加贴近老年福利的实践，也更加全面。

(二) 老年福利供给的部门分析维度

整体性治理主张要改善或打破传统行政功能分化所导致的政府组织功

---

[1] 贺东航、孔繁彬：《公共政策执行的中国经验》，《中国社会科学》2011年第5期。
[2] 李连芬：《我国基本养老保险全国统筹问题研究》，经济日报出版社2015年版，第3页。

能碎片化，对职能、业务范围相近的职责或职能进行整合或综合设置，这也就是希克斯提出的"政府机构内部功能整合或功能性机构间整合"[①]。目前，国内学者在采用这一维度进行分析时，更多采用跨部门治理的提法，主要是指跨越政府或部门边界来解决公共问题。

老年福利部门职责的分散化是造成福利供给碎片化的重要原因。以社会保险费征缴为例，社会保险费的征缴部门包括地方税务部门和社会保险经办机构，目前，我国有18个省（市、自治区）的社会保险费由社保部门征缴，还有13个省由税务部门征缴。同样，基本医疗保险管理权也分属于卫生和社保两大部门。新农合的管理机构是卫生部门，而城镇职工和城镇居民的管理机构则是社保部门。分工细致的部门管理体制容易导致"政出多门""九龙治水"的局面。因此，强调跨部门治理就成为解决福利供给碎片化亟需的策略。

（三）老年福利供给的公私伙伴关系分析维度

近年来，随着老年福利的不断发展，单一的福利供给主体已经无法满足老年人日益增长的福利需求。老年福利需求的满足既不能仅靠政府，也不能仅靠市场或社会组织，切实可行的就是公私部门伙伴关系的构建。希克斯提出公共部门和私营部门通过协商等方式共同享有权力，分享利益，以更有效的方式提供产品和服务。

本章小结

整体性治理已经成为21世纪行政面向研究最具创新性与前瞻性的理论之一，已经得到越来越多理论研究者与实践者的认可，成为解决公共问题和提供公共服务的一个重要理论工具。本章主要从三个方面探究了这一兴起于西方的理论能否解释我国老年福利供给中存在的问题。

首先本文将传统公共行政、新公共管理和整体性治理视为发展的连续统。通过这一发展过程的梳理，分析了整体性治理产生的学术背景与社会背景；整体性治理理论的分析对象需要满足两个基本要素，即"棘手性"与"碎片化"。我国老年福利供给既是一个"棘手"问题，同时也具有显

[①] 廖俊松：《整体性治理：一个待检证的未来命题》，《台湾民主季刊》2006年第3期。

著的碎片化特征，因此，整体性治理理论与老年福利供给问题具有很好的理论契合性。最后根据整体性治理理论的理论框架，提出了我国老年福利供给分析的三个维度，分别为：跨区域分析维度、跨部门分析维度以及公私伙伴关系分析维度。本研究中的老年福利供给碎片化问题分析以及对应的政策建议，都是在此理论分析维度下进行的。

第二章　我国老年福利供给的历史变迁与现实困境

在工业化、城市化和现代化的发展过程中，人口老龄化日益成为一个全球性的社会问题。自中华人民共和国成立以来，随着我国老年福利保障制度改革的深化和政府对保障和改善民生的重视，老年福利体系建设全面推进，如今已基本实现了全民覆盖。但是由于现有的福利体系是按照地区、城乡以及人群设计的，从而导致福利在待遇水平、服务治疗以及管理部门等方面存在一定的差异性。在实践中，缩小差距的努力又有可能演变成"填谷造峰"，致使不同地域、不同群体制度、不同部门具体政策之间的差异加大、冲突加剧。这些亟待解决的难题，就是中国老年福利供给的碎片化问题。

第一节　我国老年福利供给模式的演变

任何一个社会都有其独特的福利供给方式，这来源于其独特的历史和文化背景，同时也反映出根植于社会结构中的价值观和制度安排。翻开中国的历史，家庭一直被视为老年福利的主要供给主体。"中国不仅建立了繁杂的敬老尊老理论体系，而且在日常生活中通过仪式（而不是通过法律）强化和固化敬老尊老观念"[1]，"孝亲养老""养儿防老"，是中华民族以孝道为核心的家庭伦理的具体体现，已潜移默化深深根植于人们的内心，既是家庭美德的重要组成部分，也为传统道德和公序良俗所推崇。中华人民共和国成立以后，随着社会结构的转型，经济及人口的双重因素对

---

[1]　杨立雄：《老年福利制度研究》，人民出版社2013年版，第60页。

老年福利发展产生了重要的影响，政府在福利供给中的责任和角色成为十分关键的问题。

一 从"家庭养老"到"去家庭化"

家庭养老是我国最主要的、也是存在时间最长的养老模式，这种福利供给指的是以个人劳动积累为基础的代际交换。其实现和延续有赖于多重因素。（一）家庭在传统社会中的重要地位和作用。在传统社会，家庭或家族在经济生产、日常生活尤其是社会教化和管理方面具有关键性作用。"家庭是一个基本的经济单位，是生产资料的占有单位，生产劳动的组织单位，产品的分配和交换单位"[1]，承担着为家庭其他成员提供产品和服务的功能。土地作为最主要的资源，为人们提供基本的生活需要，为家庭成员所共有，每个家庭成员分工协作，参与生产以赚取家庭生活所需资财。所以，"家庭观念超越一切""家庭的道德责任成为社会的基石"[2]。家庭或家族成为整个社会统治的枢纽与基础，"中国儒教的本质就是家庭主义"[3]。费孝通指出，中国人的家庭观念实际上是以自己为中心，将亲属网络划定一个圈子，这个圈子的大小（亲属的亲疏远近）就像水的波纹一样，一圈一圈推出去，形成了差序格局，越推越远，关系也就越来越弱[4]。（二）孝文化构建了中国社会秩序的伦理基础。传统文化中强调子女对父母的绝对遵从以及对老人照顾的责任，"克己复礼""一是皆以修身为本"则是其道德体系的出发点，"弟子入则孝，出则悌，泛爱众，而亲仁"，在这种观念指导下，处于等级森严社会体系中的个人，对内所追求的是父慈子孝，对外则是整个家族的荣耀，这或许就是费正清先生所说的"中国式的个人主义"。（三）老年人在家庭的经济、政治生活中拥有较高权威。在家庭这一生产、生活基本单位中，虽然所有的生产活动、消

---

[1] 邓伟志：《近代中国家庭的变革》，上海人民出版社1994年版，第1页。

[2] 李建盛：《心灵的空地——宗教心性与生命情怀》，中国文联出版社1999年版，第142—143页。

[3] Andrew Collier. *Christianity and Marxism: A Philosophical Contribution to Their Reconciliation*. Routlege, 2001. p. 13.

[4] 费孝通：《乡土中国》（修订本），上海世纪出版集团2013年版，第25—26页。

费活动都"由全体家庭成员共同拥有和享用"[1],但是家庭中的老人由于对生活资料及其土地拥有绝对的支配权,而且可以把自己丰富的农业生产和生活技能传授给晚辈,所以在家庭的经济、政治生活中拥有更高的权威。

传统的价值伦理和经济社会结构决定了老年的福利模式和老年人的权威融于一体,保证了家庭的养老功能顺利实现。传统的家庭养老是自然的选择,也是一种制度化的传统,几代同堂的传统大家庭模式在中国历史上占据了相当长的时期。

1949年以后,随着中国经济现代化的发展,养老模式也相应地发生了巨大的变革。土地由私有转变成了集体所有,生产关系发生了根本性的变化,在坚持公有制为主体的前提下,鼓励多种经济成分共存。经济上的巨大变化,对整个社会的养老观念产生了剧烈的冲击。首先,是个人权利意识的觉醒,国家鼓励人们追求独立自主,实现个体价值。其次,是社会流动的更加频繁,大中城市有更多的实现自我价值的机会,越来越多的人远行寻求发展的机会,"父母在、不远行"的孝道观念逐渐发生了改变,直接导致传统的侍奉在侧的孝亲模式被打破。再次,伦理观念与价值倾向迅速变化。"老则贵"的观念已大为淡化,社会观念仍然强调"尊老",但这并非源于对老人权威的遵守,养老逐渐恢复了其道德本位的特点;对老人的赡养方式有了新的形式,不再拘泥于传统模式。"唯父是从"不再适用于当今社会的发展,父母与子女之间转为平等的对话[2]。传统的家庭伦理观念开始动摇,以老为尊的传统文化随着老年人地位的降低而逐渐衰退。最后是西方文化尤其是西方的养老观念对人们的影响。在西方社会,家庭关系比较松散,养老并非子女必须要履行的责任和义务,随着改革开放之后文化交融的发展,这些西方的养老文化不可避免对传统的养老观念造成冲击。

中国存续几千年的自给自足的自然经济,以"孝道"为核心的儒家传统文化以及累世同堂的家庭结构决定了家庭长期以来承担了养老的基本功能,在老年成员的养老保障上发挥着重大作用。自然形态下的家庭养老

---

[1] 邓伟志:《近代中国家庭的变革》,上海人民出版社1994年版,第2页。
[2] 姚远:《对我国家庭养老弱化的文化诠释》,《人口研究》1998年第5期。

适应了自给自足的生产力低下的经济环境中的养老保障需求。随着经济社会的不断发展，传统的家庭养老方式与生产的社会化程度及生产力的发展已不适应，家庭已经完全无法提供老年人需要的经济保障和服务保障。

二　从"国家—单位"养老到"去单位化"

1949年中华人民共和国成立之后，在社会主义革命的进程之下，国家、社会与家庭之间的关系发生了变化，国家逐渐建立起"国家—单位"式的福利体系。

1953年开始的第一个"五年计划"提出了大力发展工业的目标任务，为了实现这一目标，我们国家集中了大批的人力、物力投入到建设中去。在这样的体制下，农村以集体农业为基础，在其之上的是大小不一的集体企业和国有企业。社会中的每一个成员都被高度动员起来。在农村，人民公社成为集党、政、军为一体的基础组织[1]，国家权力借助人民公社的力量扩展至农村社会，并通过支配农民的生活与劳作，自上而下地将广大农民整合进国家的集权体系之中。彻底改变了中国几千年来的农村基层组织结构。在城市，人们根据国家分配进入到工厂、机关及其他团体中去，随着私营经济、自主择业的消失，国家对城镇居民负有不可推卸的责任，其生、老、病、死完全由集体包下来，不同的社会组织具有了一种与其专业本身不相符的性质——"单位性质"。

单位成为我国社会的基本组织形式，在某种意义上，整个社会的运转不得不依靠"单位"[2]。在"单位制"下，与党的组织系统密切结合的行政组织成为整个社会运转的中枢系统，为了推进工业化建设的目标，国家对农产品实行统购统销，农村与城市独立开来，并通过户籍制度将人们固定下来。以人民公社形式组织起来的集体农业构成了单位体制的基础，在此基础之上则是国家的公有制经济和上层建筑结构。

单位体制形成以后，家庭的保障功能一部分被单位（国家代言人）所代替，尤其通过对个人的保障代替家族保障，将个人整合进单位体制

---

[1] 刘凤琴：《农地制度与农业经济组织》，中国社会科学出版社2006年版，第107页。
[2] 路风：《单位：一种特殊的社会组织形式》，《中国社会科学》1989年第1期。

中，从而进一步整合进入国家体系中[①]。在城镇，机关事业、企业等单位实施了职工养老保险制度，单位为职工个人的福利负责，单位、个人福利通过就业的方式连为一体。在农村，集体经济成为农民生活保障的主要来源。在计划经济体制下，老年人的生活借助于单位和集体经济的力量，其经济性的基本需求得到满足。而围绕老年人的照料护理等服务，主要借由家庭成员的照抚来实现。在这一阶段，只有鳏、寡、孤、独等具有特殊需求的老年人需要政府通过在城市设立社会福利院、在农村设立敬老院的方式为其提供基本生活的救助。单位不仅向其成员提供经济保障，成员的文化活动、体育、就餐、交通、医疗、托儿等也都由单位来解决。

党的十三大报告提出在经济体制改革中要围绕转变企业的生产和经营方式进行改革，而老年福利制度则是整个体系中的重要一环。特别是在20世纪90年代市场经济体制确立后，企业在市场经济中的主体地位确定下来，原来"单位人"制度下企业对职工"免费福利"的时代一去不复返。国家开始打破"铁饭碗"，在企业实行劳动合同制，实行工资总额与经济效益挂钩。企业养老金的筹集由单位和劳动合同制工人自己缴纳，不仅打破了传统的就业终身制，也打破了工人和单位之间的依附关系。用人单位与劳动者都变为市场主体，之前在计划经济体制下形成的"单位制"养老模式的制度基础和实体基础都不复存在。在这种背景下，养老模式开始出现"去单位化"的改革。

三 政府主导的"社会化养老"格局形成

伴随着养老模式的"去单位化"，我国政府开始在单位与集体经济之外，着手探索新型的老年福利制度。1983年，民政部一改政府包办福利、企业包办社会的传统格局，明确提出了社会福利社会办的思路，将社会福利的供给推向社会。政府鼓励和提倡多种"社会力量"参与到养老服务之中，从而满足日益增长的福利需求。2000年国务院出台了《关于加快实现社会福利社会化的意见》，强调"以居家为基础、以社区为依托、以社会福利机构为补充的发展方向"，从而为老年福利的发展指明了方向。随着改革的不断深入，我国正逐步建立起以养老保险、医疗保险等社会保

---

① 谭深：《城市"单位保障"的形成和特点》，《社会学研究》1991年第5期。

险为主体,且与养老服务相结合的老年福利体系,逐步形成全覆盖、社会化程度高、管理统一协调的老年福利社会化新格局。

在老年福利供给社会化的进程中,尽管市民社会或社会组织发育尚不成熟,但是政府急于实现从单一供给向政府、社会组织、家庭等多主体协同供给的转变。这一举动导致的直接后果是中央或地方政府在老年福利供给中进一步"退缩",社会组织和个人承担了更多的责任,最终政府消减老年福利的财政支出,而福利降低的风险由个人和家庭承担。但是另一方面,在人口老龄化、高龄化趋势日趋显著的同时,城市化导致家庭规模不断缩小,从而导致小规模的家庭等非正式部门在满足老年福利的问题上步履维艰。在此两难的境地中,社会组织似乎成为了承担福利责任的最优部门,这一责任反过来又对责任机制和审核机制提出了更高的要求。这些都导致了福利不均[1]等问题的出现。在国家收缩、社会组织发育滞后以及家庭养老功能弱化的条件下,老年福利供给的"社会化"出现了问题,要求政府以更加积极的姿态参与到福利的供给中来。政府承担必要的福利责任,并帮助其他主体获得能力的增长和社会的信任,逐步形成政府主导、部门配合、社会参与[2]的发展局面,这也是我国老年福利供给社会化的必由之路。

在老年福利多主体供给中,政府主体发挥主导作用。其作用主要体现在制度设计、财政支持以及监督管理等方面。制度设计在政府责任中处于主导地位。回顾中国老年福利的发展史,从上世纪 90 年代末以来,政府出台了一系列政策、规章、制度,支持社会力量的发展,不断加大民生投入。一方面,在国家政策支持下,城市养老保险取得了长足的发展,在全国范围内,养老保险基本实现了省级统筹,覆盖面不断扩大;另一方面,国家不断推动新型养老保险制度的建立,政府的责任在这些新型保险制度中被明确凸显出来。财政支持责任是制度设计和运行管理的物质保障,老年福利最主要的资金来源渠道就是政府拨款。政府不断加大对老年福利的财政投入,优化支出结构,同时强化养老基金的管理。在具体实践中,抽

---

[1] See Johnson, N. *Problems for the Mixed Economy of Welfare. In* Alan Ware & Robert E. Goodin (Ed), *Need and Welfare*, London: Sage, 1990.

[2] 彭文洁:《社会改革推动社会福利社会化》,《社会福利》2005 年第 5 期。

象的国家一度被具体化为中央政府和地方政府，老年福利的管理和监督权力由中央与地方政府共享，而地方管理自主性的增强导致了"地方利益"困境的出现，从而出现了老年福利制度的统筹层次过低；制度的实施、管理和监督都是在地方层面进行，这容易导致无力监管和无法监管等困境的出现。

第二节 老年福利供给的碎片化困境

罗尔斯的《正义论》提出，平等自由原则乃是其基本原则，它构成了正义价值观的核心理念。将正义价值观延伸至"福利"议题时，强调的是所有公民均应享有进入社会福利体制的公平机会和权利。福利的公平不仅关注福利机会的公平、过程的公平亦强调结果的公平，即养老资源的平等与享有。因此，老年人应平等享有福利权利。回到具体的制度制定与运行管理层面。上文的分析已经指出了中国老年福利发展的整体趋势，即从家庭供给到以国家为主的社会化供给的转变。本节则是在问题视角的导向下，更为侧重在老年福利的文化、制度、观念建构中分析供给的碎片化问题。一方面，随着国家对农村老年人福利供给投入的不断加大，我国正在形成一个多层次、广覆盖、统筹城乡发展的老年保障体系；社会养老服务体系的建设也已经从无到有、从小到大，初具规模[1]，我国老年福利事业取得了很大成就。另一方面，老年人的福利需求在工业化、现代化和市场化交织的过程中始终缺乏同等的回应，老年福利差距持续扩大，致使老年人享受的福利水平和获得的福利项目不公平和不平等，老年福利供给存在碎片化问题。

一 整体性治理视阈下的碎片化问题厘定

完整的东西破碎成很多零散的碎片即为碎片化（Fragmentation）。碎片化不是两块、多块的均等化的裂解，而是不规则、大数量、畸零化的发展，后来引申为对零散化和缺乏连贯性这一现象的描述性术语。在社会科学领域，碎片化描述的是传统社会关系、市场结构及社会观念的统一性被

---

[1] 田雪原：《人口老龄化与中等收入陷阱》，社会科学文献出版社2013年版，第327页。

瓦解，而被一个个利益族群的差异化诉求及社会成分的碎片化分割所取代，传统社会向现代社会过渡过程中的一个基本特征就是社会的碎片化。

碎片化这一概念近年来被越来越多的公共管理学者引入到公共政策的研究领域之中。Lieberthal、Lampton 认为中央、地方政府之间存在纵向碎片化问题，同一级政府部门之间存在横向碎片化问题。各部门的决策者首先根据其部门自身的利益制定政策，纵向的上下级部门、横向的权责分立的部门之间，大都经过反复的协商、沟通、妥协甚至争论才制定出最终的公共政策①。谭海波、蔡立辉详细论述了自从工业革命以来，碎片化政府管理模式的形成、问题以及治理方式，并借助"整体性政府"这一概念，强调要从机构、信息资源、业务流程、服务与沟通渠道加以整合②。叶托等把政府的碎片化概括为组织价值的碎片化、权力与资源配置的碎片化以及政策过程的碎片化等三个过程，并指出服务型政府模式才是中国未来的改革方向③。

碎片化概念同时被引入到社会福利领域。纵观国内学界对社会福利领域碎片化问题的分析研究，从研究的内容上来看，偏重于对某一领域独立的研究。在社会保险领域，郑秉文对我国社会保险制度碎片化的弊端进行了分析，并提出建立统一制度的必要和可行性④。李长远对我国农村的养老制度进行了研究，认为我国农村社会养老保险制度仍然停留在地方分割、低统筹层次，制度碎片化趋势严重⑤。盛和泰则从城乡经济社会发展的二元格局、养老保险制度设计的缺陷以及群体利益和地区利益等方面分析了我国养老保险碎片化的成因，并建议推进养老保险的有机整合⑥。在

---

① Lieberthal, Kenneth G. & David M. Lampton. *Bureaucracy, Politics and Decision: Making in Post-Mao China*. Berkeley: University of California Press, 1992.

② 谭海波、蔡立辉：《碎片化政府管理模式及其改革——基于"整体性政府"的理论视角》，《学术论坛》2010 年第 6 期。

③ 叶托、李金珊、杨喜平：《碎片化政府：理论分析与中国实际》，《中国宁波市委党校学报》2011 年第 2 期。

④ 郑秉文：《中国社会保险"碎片化制度"危害与碎片化冲动探源》，《社会保障研究》2009 年第 1 期。

⑤ 李长远：《我国农村社会养老保险制度碎片化路径依赖及对策》，《河北理工大学学报》（社会科学版）2011 年第 5 期。

⑥ 盛和泰：《养老保险碎片化的成因分析与应对策略》，《保险研究》2011 年第 5 期。

医疗保险领域；顾昕将碎片化界定为向不同人群设立多样的医疗保险基金，从而出现的多元并举的情况。申曙光认为，我国医疗保险制度设计缺乏"连续性"和"完整性"，根据某个问题制定政策，并没有从根本上解决"看病难""看病贵"的问题[①]。事实上，国内对碎片化研究还处于起步阶段，而西方学者已提出整体性治理、协同治理等理论来回应碎片化问题。因此，考察老年福利供给过程中的碎片化问题，把握其形成逻辑和特征表现，对于破解当前老年福利供给的问题、实现老年福利由碎片化向整体性的变迁都具有重要意义。

二 老年福利供给碎片化的表现

碎片化是与一体化相对的一个概念，两者差别的根本在于是否形成了一个整体。根据系统论的观点，整体性（或一体化）的核心是组成系统的各部分之间建立了协调有机的互动关系。希克斯对碎片化进行了详细论述[②]，并指出碎片化的危害。在我国老年福利供给中，碎片化具体表现为：

（一）老年福利供给存在的区域差异与失衡

所谓老年福利供给的区域差异，是指由于我国实行属地化的老年福利制度，各区域均有权对国家统一的制度安排根据自身情况制定具体的实施政策。这首先导致了区域之间缴费负担不公，管理、计发模式不统一，区域之间老年福利待遇差距大，区域之间政府、个人及企业的养老负担不公平等问题。进一步讲，这些差异将导致各区域的政府、个人、区域之间面临不公平的竞争环境等。

在老年福利供给的过程中，区域边界或户籍边界往往成为福利供给的刚性边界。本研究的区域是指目前统筹我国基本养老保险的各级地方行政所辖的行政区划范围。区域边界或户籍边界强化了福利的属地供给特性，并成为获得福利资格的标准。时至今日，中国人口的地域划分仍然以户籍为标准，不同户籍的人口流动会受到严格的限制和监管。作为

---

① 申曙光、侯小娟：《我国社会医疗保险制度的碎片化与制度整合目标》，《广东社会科学》2012 年第 3 期。

② Perri 6. Diana Leat. Kimberly Seltzer and Gerry Stoker. *Towards Holistic Governance: the New Reform Agenda.* New York: Palgrave. 2002. p. 46.

老年福利的核心制度，养老保险通常被认为是衡量老年福利，甚至是一个国家或地区福利发展程度的重要指标。虽然，据有关统计显示，2009年年底，全国基本养老保险实现了省级统筹。但是，由于我国疆域辽阔，不同区域之间的差异很大，省级统筹意味着全国的养老保险统筹区域划分为32块。从整体上看，也是一种"区域碎片化"格局。省级统筹只能解决原来市域之间养老保险关系转移难的问题，现在随着人口跨区域流动范围的增大，省级统筹并不能解决区域间养老保险转移难的问题。而且由于各省市、区域的自利性以及情况不一，不同地域的养老负担畸轻畸重差异明显，"养老金不能实现跨区域地调配使用，会进一步加剧基金供给的结构性矛盾，不但导致养老基金使用效率低下，而且无法真正分散风险。"①

老年福利供给的区域差异，既是现有制度下不同的利益格局的影响，同时又反过来强化着老年福利供给的区域分割。这一老年福利资源配置的区域不公平现象，导致老年福利待遇水平的不合理，固化了地区之间的利益格局，还影响到公众对制度的信心。

（二）老年福利供给存在的部门割裂与冲突

我国政府部门②是在专业分工基础上，依据不同的职责职权进行部门划分，各个部门均有一套稳定且详细的技术规范要求。明确的职权划分可能导致的一个消极后果，就是强化了政府利益部门化和本位主义的问题。"各个部门之间形成一道道无形的'柏林墙'"③，对于某一部门内部的员工来说，他们首先考虑的是本部门的利益，而非公共利益。皮埃尔·卡默蓝就对这一专业分工所导致的结果进行了精辟的分析，当每一个部门都过于重视本部门的利益和效率时，往往会降低政府机构的整体效率。虽历经多次政府机构改革，但是"部、委、直属机构、部委管理的国家局、国务院议事协调机构之间的关系和功能分际从未理清"④。根据对老年福利

---

① 李连芬：《我国基本养老保险全国统筹问题研究——基于制度变迁的研究视角》，经济日报出版社2015年版，第3页。
② 本研究所讨论的部门，聚焦于政府内部，以不同职能部门之间横向关系为重点。
③ ［美］拉塞尔·M. 林登：《无缝隙政府》，汪大海等译，人民出版社2002年版，第5页。
④ 刘飞跃：《公共管理学案例分析》，经济日报出版社2015年版，第45页。

部门的梳理，我们发现大部制改革并没有从根本上解决"两家主管、多家协管"①的格局。老年福利供给涉及的部门包括人力资源与社会保障部门、民政部、住房和城乡建设部、卫生部、财政部、国家发展改革委员会、审计署等多个部门，老年福利供给中的部门间的冲突、隔阂具体表现为：

1. 老年福利供给中的部门冲突

由于老年福利制度安排的复杂性和多样性，不少事务的实施和运行需要多个职能部门齐抓共管、相互配合。以医疗领域为例，当前医疗领域就存在城镇职工基本医疗保险、新型农村合作医疗（以下简称新农合）以及城镇居民基本医疗保险和医疗救助、大病保险等多种制度，在分管部门的安排上，新型农村合作医疗保险由卫生部门负责；城镇职工医保和城镇居民医保由人力资源与社会保障部门负责；医疗救助属于社会救助，由民政部门负责；大病保险则涉及到发展改革委员会、民政部门、卫生部门、人力资源与社会保障等多个部门。但在实际工作中，这种部门分管负责的格局，往往导致部门之间隔阂和冲突等碎片化问题。

2. 老年福利供给中的部门政策冲突

在我国老年福利供给中，每项政策都是在特定的环境下产生的，是为解决某种问题而制定的。政策系统作为一个协调有序的整体，则要求各项具体的子政策相互协调，不能相互抵触、相互矛盾②。但是，在实际中多元的政策供给之间往往存在"相互交叠和彼此矛盾的复合目标"③，许多人形象地将其称为"文件打架"，指的就是政府不同部门的政策之间的相互矛盾、相互冲突的现象④。

---

① 2008年大部制改革组建了人力资源与社会保障部，实现了对社会保险的统一管理。但是人力资源与社会保障部所管理的业务仅是老年福利中的一部分，其他诸如养老服务、医疗等仍在民政部等其他部门的执掌下。大部制改革并没有从根本上解决"两家主管"社会福利事业的格局，此外卫生部、国家发展改革委员会、住房和城建部、财政部均设有相应的社会福利部门，并承担不同的管理职能。

② 张金马：《公共政策分析：概念·过程·方法》，人民出版社2004年版，第416页。

③ [英]H·K.科尔巴奇：《政策》，张毅译，吉林人民出版社2005年版，第67页。

④ 胡象明：《"文件打架"的原因及对策》，《中国行政管理》1995年第9期。

(三) 老年福利供给中的主体限度与分散

1. 政府在老年福利供给中"错位""越位"与"缺位"

政府在老年福利供给中承担责任在世界范围内早已不存在争议，承担责任的范围和内容大小却一直存在争论。"二战"后，英国《贝弗里奇报告》强调了对英国全体公民从摇篮到坟墓的社会福利方案[①]。随后，欧美各国纷纷效仿，扩大政府在社会福利中的责任。20世纪70年代，福利国家危机爆发，政府出现了失灵。所谓政府失灵，美国经济学家萨缪尔森认为，"当政府采取的措施或手段不能改善经济效率和可收入分配时，就表现为政府失灵"[②]。公共选择理论的创始人布坎南认为，对于政府要从理论和现实两个维度进行理解，政府在理论上是一个抽象的概念，但在实践中，它首先是由政治家和公务员组成的行政组织，具有经济逐利性，也会以追求自身利益最大化作为行为准则。政府在以行政职能弥补市场缺陷时，往往会出现种种政府失灵的现象：（1）政府自身的角色定位，其作为企业所有者的角色超越了作为公共利益维护者的角色，从而导致政府可能会以牺牲社会效益和公众效益为代价，来获取自身的经济利益。尤其当政府拥有特殊的需求时，更容易产生角色错位的问题。（2）由于各利益集团的利益分化乃至利益冲突，促使政府利用各自的权力对制度实施进行干预，这就使政府产生"越位"。（3）政府也可能出于利益的考虑而回避制度运行中的矛盾或减少本部门对制度的支付，使政府产生"缺位"。

合理定位政府责任是老年福利供给中的一大难题。（1）在提供基本养老保障、制定老龄服务规划、加强市场监督管理、为困难老年人提供基本养老服务方面，政府的责任责无旁贷。（2）政府不是万能的，老年福利供给不应该全靠政府。在老龄服务市场的发展过程中，可以通过公退民进的方式，在保证老年人的基本需求由公共部门得以满足的同时，充分发挥市场的作用，提供更多元、多层次的服务。

2. 市场营利性有余，福利性不足

在老年福利领域，市场的作用在于弥补政府失灵或志愿失灵，为老年

---

① W. Beveridge. *Social Insurance and Allied Services*. London: HMSO, 1942.
② [美] 保罗·A. 萨缪尔森等：《经济学》，高鸿业等译，中国发展出版社1992年版，第1186页。

人提供可供选择的资源①。市场在老年福利供给中具有重要的作用,其主要表现为:(1)市场能够满足不同层次老年人的多样化需求。为老年人提供多样化的福利产品和服务,满足老年人福利产品和服务的需求和享受。(2)市场本身所具有的效率、竞争等特性,使得老年人可以获得成本低、质量好的产品和服务。(3)市场本身的竞争、效率,对政府本身具有良好的参考价值和启示意义。降低政府所导致的高成本和低效率,减少福利损失。

但是,我们也要看到,营利性是市场的本质属性,特别是对民办企业机构,营利性是确保其生存、发展的重要特征。笔者对"天思养老中心"的调研发现,中心通过服务人员培训、为老年人提供健康福利服务以及旅游养老项目等,积极拓展营利性项目,以期通过产业链方式,实行营利。在实践中还存在部分养老机构为追求利润最大化随意抬高服务价格、降低服务质量,严重影响了老年福利机构的公益性。

3. 社会组织发育迟缓,志愿资源稀缺。

为适应从传统社会向工业社会的结构转型,应发展一种职业行会体系的社会结构,以发展出比家庭更加持久和有效的互助组织。在原有的社会团结基础被不断破坏时,迪尔凯姆倡议在社会福利方面应以"中介协会"(Intermediary Association)取代地方机构,以发挥其在社会保障、公共卫生等方面的重要福利职能②。这便是社会组织。社会组织由于在社会结构中的特殊地位,具有比政府机构更多的灵活性和较高的工作效率等特点,利用自身的资源和优势提供各种服务,满足不同群体的特殊需求。

我国社会组织的发展具有明显的"法团主义"③色彩,社会组织必须得到业务主管部门支持,才能在政府部门登记,这就导致社会组织的民间性不足、依赖性严重④。民间组织受到政府部门的干涉,行政色彩浓厚,同时社会组织在观念、组织、活动方式、管理体制和活动经费等许多方面依赖政府,独立性和自治性严重不足。在福利供给上,政府更倾向于社会

---

① 熊跃根:《论国家、市场和福利之间的关系:西方社会政策理念发展及其反思》,《社会学研究》1999年第3期。

② [法]埃米尔·迪尔凯姆:《社会分工论》,渠东译,生活·读书·新知三联书店2000年版。

③ 陈家建:《法团主义与当代中国社会》,《社会学研究》2010年第2期。

④ 邓智平:《社会建设十讲》,华中科技大学出版社2014年版,第63页。

组织对福利责任的分担，而较少赋予其在社会福利政策中的建议和批评权力。这显然不利于社会组织的成长、发展，也不利于其在福利供给中责任的分担，反过来加重了政府责任和负担。

4. 家庭养老功能逐渐弱化

20世纪70年代以来，随着我国计划生育政策的推行，家庭中下一代的数量呈明显下降趋势。再加上城市化的发展，东西方家庭观念的交融，都导致了家庭规模小型化趋势的出现。特别是随着工业化、城市化以及现代化程度的不断提高，家庭的福利主体角色及养老功能也在逐渐弱化。家庭虽然可以比较顺利地实现现代代际之间以及成员之间福利资源的纵向或横向的供应，但是其确实存在着市场经济条件下家庭成员必须面临的弱点。同时，随着社会化程度的提高，传统家庭的各项功能，比如生产功能、经济功能等也在不断弱化，这就导致老年人的生活保障乃至精神需求从依靠家庭和单位转向依靠社会化的供给机制。

5. 公私合作良性伙伴关系尚未形成

现阶段，我国老年福利供给公私合作伙伴关系已经形成，然而限于各主体合作还处于初期阶段，不仅各主体在承担职责方面存在模糊及不清，同时各主体间的互动也远未成熟。主体间互动中，政府管控倾向仍然严重，主体间合作网络也未形成，主要表现为：（1）公私主体间合作形式虽已多样化，但实质上仍未摆脱政府管控的思维定式。政府过多的干预及支配致使合作中多主体间关系不对等，合作工具形式化意义大于实质性意义。（2）公私主体间合作网络还未建立。虽然目前在老年福利供给过程中，很多地方依托社区、机构建立起养老服务平台或中心，然而，这种平台只是合作网络的初期形式，它仅起到集聚资源的功能，但更重要的主体间的链接尚未建立起来，并由此导致信息在各福利主体之间的不对称。

老年福利供给的碎片化在实践中导致福利资源在老年群体间差序分配，损害了社会公平，降低了社会凝聚力。同时，以行政系统科层制主导的福利供给，以自上而下的沟通为主，导致在现实中不能充分考虑老年群体的需求，损害了"对弱者给予保护的道德准则"。下面笔者以具体的案例来说明福利供给的碎片化困境。

三 案例分析："入狱养老"背后的老年福利供给困境

在养老问题面前，付××的事情看上去只是个极端个案，一位老人的贫困和无助,然而这也揭示了整个中国老年福利供给的现实困境,政府供给主体的缺位和福利获得的缺失。

(一) 案例简介

湖南祁东七旬农民付××"一劫成名",他在北京站抢劫只求"入狱养老"。

2008年9月8日,69岁老人付××为了"不愁吃穿"在北京站广场持刀连抢两名旅客。与其他抢劫犯不同的是,他抢劫完了不逃跑,反而等被抢劫者喊叫,以便警察来抓。接受审讯时,付××要求把罪行写重些,要求多判几年。

付××5岁时父亲去世,后来母亲也去世了。一个人住在出租屋里,随着年龄的增大,劳动能力逐渐丧失,已经无力耕种村集体分给的田地,同时又无任何经济来源,经常"食不果腹"。

一次偶然的机会,付××跌跌撞撞来到了北京。2008年9月8日下午,在北京站广场,由于长时间没有进食,他饿得前胸贴后背。如何解决温饱问题?对付××来说,实在找不到别的出路,除了抢劫。他发现售票处有一中年妇女,手里拿着买票的300元钱,付××把她作为抢劫的目标。他向前走了几步,瞅准机会,用力一扯,扯下了100元钱。中年妇女回头看了一眼,只见一个枯瘦干瘪的老头站在她身后,手里拿着100元钱。付××多想让她喊抢劫啊,但是遗憾的是,中年妇女认为他有病,自认倒霉继续排队。

付××又继续搜寻着抢劫的目标。在北京站广场的另一边,一个年轻、充满活力的女大学生引起了他的注意。付××小跑几步赶到跟前,拉扯女大学生的背包,同时拿出小刀,威胁女大学生。这时,女孩大声喊抢劫,把警察喊了过来。

在后续的报道中,我们得知,付××对监狱生活十分满意,有地方吃饭、睡觉,还能定期体检,比外边的生活好太多了。

资料来源:新浪网. http://news.sina.com.cn/s/sd/2012-07-13/152824769708.shtml

(二) 案例分析

养老问题是每一个正常人都需要面临的问题，能否实现老有所养，是个人的期盼，更是政府的职责。如果政府不能很好地解决民众养老问题，这样的社会也就无法稳定持续的发展。

1. 付××抢劫只为"入狱养老"，反映出我国老年福利供给主体的有限性。家庭养老在中国具有悠久的历史，一直是解决"老有所养"的主要途径，但是家庭供养具有较大的不确定性，例如本文中付××，由于没结婚，没有子女，故而年老时无法从家庭获得福利资源。在世界范围内的绝大多数国家中，老年福利供给的主体是政府。我国大多数学者也认为，政府在老年福利供给上最基本的责任就是为全体老年人提供保障基本生活的兜底功能。虽然《宪法》明确规定了老年人享有养老的基本权利，但是，政府在老年福利供给特别是在农村老年人的福利供给中的主体地位还有待进一步完善。

2. 付××抢劫只为"入狱养老"，反映出我国老年福利供给不同主体之间协同作用有限。目前，在老年福利供给中虽然存在多个主体，但主体之间缺少一个整体的制度设计，这直接导致各个主体分头供给，处于一种自扫门前雪的情况，没有形成一个不同主体之间相互配合的福利供给体系。

3. 付××抢劫只为"入狱养老"，反映出我国老年福利供给中制度安排的不完善。我国从 2009 年开始探索发展新型农村社会养老保险制度，并且在全国推广，取得了积极成效。但是，目前农村养老保障制度发展还不成熟，存在诸多问题。目前还存在一定数量的农村低收入家庭和贫困家庭没有参加农村社会养老保险。

4. 付××抢劫只为"入狱养老"，反映出我国老年福利供给待遇差距过大，引发公平质疑。根据目前农村社会养老保险制度的规定，养老保险待遇包括基础养老金与个人账户养老金，基础养老金为每人每年 55 元；由于较低的筹资水平（目前农村社会养老保险的个人缴费为 100—500 元 5 个档次；城乡居民养老保险合并后为 100—1000 元 10 个档次），个人账户养老金水平较低。较低的养老金水平不仅显示了我国养老保险体系的不公平，而且难以保障老年人的基本生活。

本章小结

本章主要在分析我国老年福利供给模式的历史变迁与现实困境。从纵向的角度来看，老年福利发展整体经历了"家庭供给"→"国家—单位供给"→政府主导的"社会化供给"的发展路径；从横向角度来看，目前在为老年人提供社会保障公共品的过程中，国家扮演了主导角色。这种由国家承担的"福利责任"特征明显，由国家提供基本的老年福利制度安排已经成为国家基本制度中的重要组成部分，覆盖全体老年人的福利体系基本建立起来。在整体性治理视域下，我国老年福利供给最大的现实困境是碎片化。具体表现为：（1）老年福利供给的区域碎片化，即在老年福利供给项目内容和供给水平方面，不同区域之间存在严重的差异与失衡现象。（2）老年福利供给的部门碎片化，即老年福利供给管理部门存在权力分割和利益冲突现象。（3）老年福利供给的主体碎片化，即福利社会化背景下的多元供给主体并未形成良性合作伙伴关系，存在主体分散以及主体限度问题。

第三章　我国老年福利供给的区域碎片化

党的十九大提出，目前我国人民生活水平逐步提高，总体上实现小康……发展的不平衡、不充分则成为当前社会十分突出的问题，也成为人民日益增长的美好生活需要得到满足的主要制约因素。[①] 在老年福利领域，"不平衡、不充分"的一个突出表现是老年福利制度安排上的区域差异性，"国家统一的制度沦为地方性制度安排，并呈现日趋固化的区域利益失衡格局"[②]，这不仅扭曲了制度的正常发展路径，也影响着社会公平的实现。作为国家统一的制度安排，不同地区之间老年人的福利水平差异不能过大，老年福利供给的项目、政府所应提供的社会保护的程度和范围都应基本一致。目前，我国老年福利供给的区域碎片化，不仅表现为制度的区域差异，更表现为老年福利待遇水平之间的差异。究其原因是中央与地方职责权限划分不合理，地方政府既依赖中央政府，同时又不断与中央政府讨价还价。因此，我国老年福利供给区域差异是中央与地方不断博弈以及地方自利性的双重结果。

第一节　老年福利供给中的基本养老保险制度设计

"政府对公民个人和全社会负有基本责任"是福利制度建立的假设前提，包括健康、幸福和繁荣等基本内容，而这些责任，政府往往通过制定

---

① 习近平：《决胜全面建成小康社会　夺取新时代中国特色社会主义伟大胜利》，人民出版社 2017 年版，第 11 页。

② 郑功成：《从地区分割到全国统筹——中国职工基本养老保险制度深化改革的必由之路》，《中国人民大学学报》2015 年第 3 期。

具体的政策以及政策实施的具体措施来实现的。① 养老保险作为最基本的社会再分配力量之一，在保障老年人的生活和缩小贫富差距方面发挥着重要的作用。"基本养老保险制度已成为国家性制度安排，享受养老保险已成为国民权益。"②

一　基本养老保险制度设计：从"人群分设"到"国民身份"

中华人民共和国成立初期，为了解除劳动者的后顾之忧，我国政府专门制定了干部和工人的退休或退职政策。1951年，《中华人民共和国劳动保险条例》颁布实施，标志着我国企业职工的养老保险制度建立了起来。条例对劳动保险金的收集与保管、使用范围、待遇标准等都做出了具体的规定。明确指出企业社会保险费全部由企业缴纳，职工不承担任何保险费用。1956年前后，在全部国营企业实行了《劳动保险条例》。1958年，国家统一了企业、事业和机关职工的养老保险政策，养老保险实行了国家层面的统一。

开始于1966年的"文化大革命"对我国政治、经济、社会等各项工作造成了难以估计的损失，养老保险政策也不例外，养老保险机构和社会统筹费用均被取消，也无人管理社会保险工作。专门负责企业社会保险的工会组织也被解散，劳动部被撤销，新中国成立初期实行的养老基金的征集、管理、支付等制度难以为继。职工的退休逐渐演变成国家包办、单位负责的单位保障型"保险"，并一直持续到改革开放时代。③

"文化大革命"结束以后，我国进入了经济发展的全新时期，国家开始对中断了的社会保险制度进行恢复和整顿。我国城镇企业职工养老保险从1984年起进行改革的探索，各地纷纷重建养老保险社会统筹制度的试点。在政府的倡导之下，全国市、县一级的全民所有制企业纷纷开始"退休费用社会统筹"的保险制度改革。标志性的文件是1986年的《国营企业实行合同暂行规定》，规定养老金由企业和个人共同承担，标志着养老保险开始具体变革。1991年，《关于企业职工养老保险制度改革的决

---

① 陶立群：《中国老年人社会福利》，中国社会出版社2002年版，第10页。
② 郑功成：《中国社会保障发展报告》，人民出版社2016年版，第84页。
③ 郑功成：《中国社会保障30年》，人民出版社2008年版，第54—55页。

定》颁布实施,这是国家层面关于企业职工养老保险的第一个指导性文件,具有历史性的意义,并提出了逐步向省级统筹过度的原则。但在实际的执行过程中,各地根据自己的实际制定的实施方案在缴费和待遇支付方面差异很大。

1995年颁布的《关于深化企业职工养老保险制度改革的通知》,提出了"统账结合"的两个具体实施方案,在具体实施的过程中,多数地区形成了自己的修正方案。如表3—1所示,1996年上半年,全国共有7个省(市、自治区)选取了第一套改革方案;5个省(市、自治区)采用了第二套方案;16个省(市、自治区)根据本地的实际情况,同时又吸取两套方案的优点,制定了第三套改革方案。最终一共出台了33种办法,各区域的筹资方式、养老金计发方式各有特点。[①]

表3—1　　　　"统账结合"不同的实施办法及区域选择

方案	个人账户规模(%)	实施地区	地区数量(个)
方案一	6—7	上海、吉林、黑龙江、江西、河南、云南、青海	7
方案二	3—5	北京、天津、浙江、湖南、广东	5
方案三	10—12	湖北、河北、陕西、山西、内蒙古、辽宁、江苏、安徽、福建、山东、广西、四川、贵州、甘肃、宁夏、新疆、电力、水利、石油、交通、煤炭	16+5

资料来源:高书生:《社会保障何去何从》,中国人民大学出版社2006年版,第125页。

1997年出台的《关于建立统一的企业职工基本养老保险制度的决定》标志着覆盖企业的统一的职工基本养老保险制度建立。这个决定明确规定了我国养老保险实行社会统筹与个人账户相结合的未来走向,企业缴纳统筹基金,用于支付基础养老金,体现社会互助共济;个人账户完全由个人缴纳费用,体现了个人所承担的责任。

---

① 林毓铭:《中国社会保障制度可持续发展的分析与评估》,武汉大学博士学位论文,2004年,第104页。

2005年国家颁布了《关于完善企业职工基本养老保险制度的决定》，核心措施包括：将非公有制企业、城镇个体工商户和灵活就业人员作为扩大覆盖面的重点；逐步做实个人账户；改革基本养老金计发办法等。2005年以后，为了更好保障离退休人员的基本生活，养老金连续11年以不低于10%的速度增长。经过30多年的改革发展，我国职工基本养老保险制度从试点走向成熟，在老年福利供给方面发挥了不可替代的作用。

我国农村养老保险于20世纪80年代末90年代初开始试点。《县级农村社会养老保险基本方案》（试行），标志着我国农村广大的农民开始采取制度化手段解决养老问题，这也是第一次出台全国性的农民养老保险政策，虽然很不成熟，但其开创意义却不容忽视。直到2008年，中央才决定建立个人、集体、政府共担责任的新型农村社会养老保险制度。2009年，国务院决定在全国10%的县开展新农保试点；2012年，国务院决定在全国所有县级行政区全面开展新型农村社会养老保险和城镇居民养老保险工作。

二 基本养老保险制度变迁的逻辑及其存在的问题

通过上文对我国养老保险制度的历史梳理，我们可以看出，它是一个典型的渐进式制度建构与变革的产物。在我国养老保险制度重构的过程中，它不可避免会受到原有制度的影响，同时对原有的制度也具有一定的依赖性。

改革开放以后，在对养老保险制度重建时，"摸着石头过河"的先试点再推进的制度改革模式，不可避免对原有制度的路径产生依赖。也不可避免地造成我国养老保险制度的杂乱无序和过度分割。20世纪后期对养老制度进行探索改革的过程中，养老的"关键词"一直在不断转换，每一次改革都部分地解决了某一问题，体现了当时经济、社会环境的变化，但是却没有完全解决问题。

但可以肯定的是，我国老年福利制度安排深受国家行政系统影响，从制度的设计、运行到评估调试，均由政府主导，自下而上沟通不充分，形成了与官僚制结构相似的福利科层制。在福利制度供给过程中，中央政府只给出指导文件进行原则性规定，在一个统筹层次范围内，由地方政府根据自身的经济发展、财政能力、人口结构等因素自主制定实施养老政策，致使政策千差万别。

三 案例分析：养老金差距背后的老年福利区域失衡

目前我国已经建立起统一的城乡居民基本养老保险制度，建立在"身份"基础上的养老保险碎片化正在逐渐消融。但是，统筹区域之间仍存在"壁垒"，据《经济参考报》报道，养老金省级之间的差距最高竟然达到了10倍，养老金不能实现跨区域地调配使用，会进一步加剧基金供给的结构性矛盾，"不但导致养老基金使用效率低下，而且无法真正分散风险"[①]。

（一）案例简介

> 居民养老金省际差距最高达10倍
>
> 《关于建立统一的城乡居民基本养老保险制度的意见》的颁布实施，成为我国城市居民和农村居民养老保险"合二为一"的主要标志。同时，按照国家的规划和各省的规划，争取在2020年实现我国城乡居民基本养老保险的全覆盖，建成统一、公平、高效的养老保险制度。
>
> 从目前，我国基础养老金的统筹状况来看，距离建立统一的城乡居民养老保险制度还有很长的一段距离。我们知道，基础养老金和个人账户养老金是我国城乡居民养老待遇的两个基本组成部分。但是在实施的过程中，不同的区域会对基础养老金进行调整，使之更符合自身的经济发展。经济发达的省份提高的幅度也会比较大。据统计，目前我国基础养老金最高的地区是上海，为每月540元；北京、天津紧随其后，也达到了430元和220元。但是，我们也要看到，我国还有许多地区，养老金一直采用2009年中央制定的55元的标准。养老保险省际之间的差距最高相差10倍左右。
>
> 资料来源：李唐宁：《居民养老金省级差距最高达10倍》，《经济参考报》2014年11月28日

---

① 李连芬：《我国基本养老保险全国统筹问题研究》，经济日报出版社2015年版，第3页。

（二）案例分析

目前，我国的基本养老保险制度仍呈现出典型的地区分割状态，这种区域分割的实质是将国家统一的制度安排沦为差异性的地方制度。从全国来看，仍然是一个不完整的、分割的养老保险制度，各区域间无法横向调剂，各自为政，无法真正和彻底解决跨统筹地区的转移接续和异地养老等问题；从各省实际来看，由于地区利益刚性，各省之间的养老金差距最高达到了10倍。另外，养老保险发展在区域间有先后快慢之别，既体现了制度的惯性，同时又反过来强化了制度的区域分割及服务的"诸侯割据"。同时，区域之间的管理机构、规则等也大不相同，养老保险管理体制还存在条块分割、部门封闭等现象，导致权、责、利的争夺与漠视，降低了制度运行的效率，同时也使执行成本增加，导致区域之间养老保险制度的不公平。

第二节 我国基本养老保险的区域差异与失衡

我国的基本养老保险在当前我国社会中具有极其重要的作用，它作为一种收入再分配的形式，如何促进群体与区域之间的公平分配，是制度首要应该坚持的基本准则。[①] 养老保险的区域差异与失衡，导致不同区域之间缴费率的差异、责任分担不公、运行的高成本以及基金贬值等问题，[②] 使制度的可持续性和效率大打折扣。

一 基本养老保险制度的区域差异

"区域"是一个具有丰富意蕴和宽泛外延的词语，经济学、地理学、行政学都有不同的理解，因此养老问题的跨域性也变成一个难以清晰界定的词语，容易造成理解上的困扰。但是，学界对区域的定义立足于一个根本点，即将其视为"一个整体的地理范畴"。而从整体的地理范畴来看，它用以形容具有密切相关性的某一类空间区域，在它的内部，组织具有同

[①] 孟荣芳：《碎片化：社会基本养老保障制度发展中的迷思》，《社会科学研究》2014年第5期。

[②] 郑功成：《全国统筹：优化养老保险制度的治本之计——关于我国职工基本养老保险地区分割统筹状况的调查》，《光明日报》2013年7月23日。

质性或者相互联系的关系，区域之间则存在明显的差异或者隔阂。我国对区域的划分主要有经济区域划分、军事区域划分以及行政区域划分等类型。

就本研究而言，主要关注的是行政体系下养老保险制度的制定与执行，同一制度在不同的统筹区域之间差异极大；并且我国目前基本养老保险已经实现了省级统筹，因此，在对养老保险的跨区域分析时选择省（市、自治区）级行政区作为划分的基本单元。

（一）基本养老保险的筹资模式

现收现付制、完全积累制和部分积累制是目前世界范围内养老保险的三种主要筹资模式。现收现付制筹资模式主要是当年养老缴费（现收）用于当期养老待遇支付（现付）养老资金的一种筹资或融资方式；完全积累制又称基金制或预算积累制，筹资模式主要是以长期预测和基金运营增值为基础，将劳动者在不同生命周期的收入转移到退休时使用；部分积累制是一种介于现收现付制和完全积累制之间的混合模式，是一种资金筹集的创新模式，在社会保险基金筹集过程中，既保留采取现收现付的因素，也增添了基金积累因素，而两种因素的不同组合又形成了多种多样的外化形式，比如我国的统账结合筹资模式、瑞典的名义账户筹资模式等。

统账结合筹资模式设立社会统筹账户和个人账户，实行分账管理。企业缴费进入社会统筹账户，并负责当年统筹部分养老金，实行"现收现付制"；个人缴费进入个人账户，实行完全的"积累制"。劳资双方共同承担基本养老保险制度的缴费义务。但是单位的缴费比例却出现了区域差异。以2016年职工养老保险为例，各省份职工基本养老保险中个人缴费的比例都是8%；但是单位的缴费比例却在不同的地区存在一定的差异。上海的缴费比例是21%；福建和山东的比例是18%；浙江和广东的比例为14%；其他省份都执行20%缴费比例。[①]

（二）基本养老保险的省级统筹管理模式

养老保险的管理模式和基金调剂方式是衡量基本养老保险省级统筹的两个关键指标。[②] 从我国已经实行省级统筹的31个区域来看，基本养老

[①] 数据通过查阅各省人力资源与社会保障网站得到。
[②] 李连芬：《我国基本养老保险全国统筹问题研究》，经济日报出版社2015年版，第66页。

保险的管理分为垂直管理和属地管理两种模式。垂直管理模式是指"在一个行政区内，上级政府对下级政府相同序列机构的编制、人员、经费等进行统一管理……从而实现人、财、物、事自上而下的管理"[①]；属地管理模式意味着属地政府和上级部门是双重领导关系，属地政府负责管理"人、财、物"，上级部门负责管理业务"事权"。基本养老保险的省级统筹管理模式可分为统收统支和统一预算、分级调剂型。统收统支是指省、市、县征缴的养老保险金全部作为省级收入划归省级社会保险经办机构的财政专户，由省级社保部门逐级进行社会化发放，基金超支部分由省级负担；统一预算、分级调剂的养老保险基金通过预算管理的方式，不用全部上划，而是首先划入各县、市社会保险经办机构的财政专户，余额上交省级财政专户，基金超支部分则由省、市、县按比例分担。按照基金管理模式和养老保险金调剂方式，我国养老保险省级统筹的管理模式如下：

表 3—2　　　　　　　　各区域养老保险统筹模式

管理模式	统筹模式 基金调剂方式		省（市、自治区）
垂直管理	统收统支		上海　陕西　天津
属地管理	统收统支		北京　重庆　西藏　新疆　安徽
垂直管理	统一预算 分级调剂	一级调剂	黑龙江
		二级调剂	吉林
属地管理	统一预算 分级调剂	一级调剂	青海　江西　福建　山西　湖南　四川 云南　甘肃　海南　广西　广东　湖北 浙江　内蒙古　山东　江苏
		二级调剂	宁夏　贵州　江苏
垂直/属地管理	统一预算　分级调剂		河南
属地管理	统一预算　分级调剂 统收统支		河北

资料来源：笔者根据各省养老保险文件自制。

---

① 李连芬：《我国基本养老保险全国统筹问题研究》，经济日报出版社 2015 年版，第 66 页。

从表3—2中可以看出，我国31个省（市、自治区）虽然已实现省级统筹，但统筹模式的多样化，必然对以后全国的统筹形成一定的阻碍。

（三）基本养老保险费的征缴体制

在基本养老保险费征缴上，民政部和税务部门多年以来一直存在争论，并分别影响着中央和地方政府的决策意识。究竟是以民政部门为主导还是以税务部门为主导，多年来并未形成共识。这就导致在实践中，不同的省（市、自治区）级行政区根据各地的实际情况自主确定征缴机构。不同的征缴体制必然导致新的社会问题，也必将为以后我国征缴体制的改革留下新的、不易解决的后遗症。[①]

二 基本养老保险区域差异的指标分析

本研究通过对我国31个省（市、自治区）养老保险基本数据的收集整理，用数据指标[②]来说明省际区域之间的差异。

（一）基本养老保险覆盖率

在城镇居民中，参加基本养老保险的人数和总人数的比率，就是基本养老保险覆盖率。这个指标主要的意义在于阐述清楚其涉及的范围大小，而这又是对当地公共服务水平的一个重要衡量。事实表明，经济发展水平的高低在很大程度上，影响着基本养老保险覆盖率。覆盖水平相对较高的，一般经济基础较好，反之，则经济水平有待进一步提升。分析原因主要有两点，经济基础较好的区域，一是严格遵守法律法规，按时缴纳保险的正规部门、企业等比例较高；二是政府财政收入状况较好，支付养老金缺口的能力更强一些。

从表3—3可以看出，2015年我国基本养老保险的平均覆盖率为64.9%，在不同的省（市、自治区）级行政区域之间，养老保险的覆盖率存在很大的差异。西藏自治区的养老保险的覆盖率仅为12.6%，在全国省（市、自治区）级区域之间为最低。覆盖率低于50%的有重庆、甘肃、安徽、云南4个省（市）；广东、北京、天津、上海、河北、山东、

---

① 郑功成：《中国社会保障制度变迁与评估》，中国人民大学出版社2002年版，第113页。
② 指标设置参考王晓军、赵彤《中国社会养老保险的省区差距分析》，《人口研究》2006年第2期；刘桂莲《我国养老保险综合水平地区差异研究》，《现代管理科学》2014年第11期；吴湘玲《我国区域基本养老保险协调发展研究》，武汉大学出版社2006年版。

表 3—3　　2015 年我国各区域城镇职工基本养老保险的制度覆盖率

地区	参保职工人数（万人）	城镇就业人数（万人）	制度覆盖率（%）	地区	参保职工人数（万人）	城镇就业人数（万人）	制度覆盖率（%）
全国	26219.2	40410.0	64.9	湖南	791.1	1496.7	52.9
北京	1187.5	1415.7	83.9	内蒙古	370.8	714.6	51.9
天津	384.2	453.4	84.7	广西	389.8	785.9	49.6
河北	952.0	1073.5	80.0	重庆	544.4	1141.7	47.7
上海	1028.4	1222.9	84.1	四川	1250.1	1922.0	65.0
江苏	2098.8	3529.8	59.5	贵州	297.3	500.2	59.4
浙江	1934.0	2578.5	75.0	云南	291.1	611.9	47.6
福建	736.6	1329.6	55.4	西藏	12.4	98.5	12.6
山东	1923.1	2142.1	89.8	陕西	544.2	916.5	59.4
广东	4613.3	4498.5	102.5	甘肃	197	472.1	41.7
海南	187.9	244.0	77.0	青海	69.9	119.4	58.5
山西	512.9	712.6	72.0	宁夏	111.1	166.7	66.6
安徽	610.9	1268.9	48.1	新疆	344.7	576.4	59.8
江西	587.9	997.6	59.0	黑龙江	646.9	687.0	94.2
河南	1149.0	1838.6	62.5	吉林	420	766.2	55.1
湖北	874.9	1564.9	55.9	辽宁	1139.7	1195.1	95.4

资料来源：笔者根据《中国统计年鉴（2016）》《中国劳动统计年鉴（2016）》测算得出。

辽宁、黑龙江这 8 个省（市）的养老保险覆盖率超过 80%，其中广东省的覆盖率高达 102.5%。这一比例之所以超过 100%，是因为参保人数既包括广东户籍的参保人员，也包括非广东户籍的参保职工。而城镇就业人数却只能囊括广东户籍的职工总数。作为一个劳动力输入大省，大量持有外省户籍的劳动者来到广东省工作，并且办理了养老保险。他们成为了提高养老保险覆盖率的主力军。那么，覆盖率的高低不同，带来一个严重的问题，经济水平低的地区，其一般覆盖面较小，而其劳动人口、结构又较为年轻，实际上是补贴了年龄老化的经济发达地区，因为其覆盖面一般较大。所以，如果进行平衡调节，实际上是经济欠发达地区，对发达地区进行了补助。从某种程度上讲，这与人们所期望的经济发达地区发挥带头作用的要求相悖，这也致使我国基本养老保险覆盖率的差异成为养老保险全国统筹的主要障碍之一。

（二）制度赡养率

表3—4　2015年我国各区域城镇职工基本养老保险制度赡养率状况

地区	城镇职工基本养老保险职工参缴费人数（万人）	城镇职工基本养老保险退休职工人数（万人）	制度赡养率（%）	地区	城镇职工基本养老保险职工参缴费人数（万人）	城镇职工基本养老保险退休职工人数（万人）	制度赡养率（%）
全国	26219.2	9141.9	34.9	湖南	791.1	369	46.6
北京	1187.5	236.7	19.9	内蒙古	370.8	208.1	56.1
天津	384.2	180.9	47.1	广西	389.8	186.9	48.0
河北	952.0	368.5	38.7	重庆	544.4	304.9	56.0
上海	1028.4	465.4	45.3	四川	1250.1	688.9	55.1
江苏	2098.8	681.1	32.5	贵州	297.3	94.8	32.0
浙江	1934.0	570.3	29.5	云南	291.1	121.8	41.8
福建	736.6	147.1	19.9	西藏	12.4	3.8	30.7
山东	1923.1	554.4	28.8	陕西	544.2	207.5	38.1
广东	4613.3	473.3	10.3	甘肃	197	109.2	55.4
海南	187.9	62	33.0	青海	69.9	30.1	43.1
山西	512.9	201.4	39.3	宁夏	111.1	46.4	41.8
安徽	610.9	246.7	40.4	新疆	344.7	154.8	44.9
江西	587.9	235.2	40.0	黑龙江	646.9	471.1	72.8
河南	1149.0	359.8	31.3	吉林	420	273.7	65.1
湖北	874.9	440.6	50.4	辽宁	1139.7	640.5	56.2

资料来源：笔者根据《中国统计年鉴（2016）》测算得出。

若将基本养老保险看作一个整体，退休职工是制度需要供养的部分，具有劳动能力的缴纳保险费的职工是整个制度得以运转的支撑，而将来加入进来的年轻人则是整个制度发展可持续性的来源。所以说，制度赡养率

(制度赡养率＝制度内退休职工人数/制度内参保缴费职工人数）的提出能够准确衡量制度本身的负担水平。[①] 从制度覆盖的人群范围看，制度赡养率高，说明该地区需要赡养的老年人比较多，养老金支付的负担就比较重，反之则较轻。换言之，制度赡养率反映了具有劳动能力的在职职工赡养的老年人数。

从表3—4我们可以看出，在2015年，全国城镇职工的制度赡养率是34.9%，这就意味着1个老年人需要3个参保人负担。我们从表3—4中同时也可以看出，不同省（市、自治区）级之间的离散程度较高。制度赡养率处于40%—50%的省（市、自治区）数量最多，有10个；处于30%—40%之间的省（市、自治区）数量共有8个；而低于30%的共有5个。从全国来看，东北地区的养老保险负担比较重，黑龙江的养老保险赡养率达到了72.8%，在全国最高，这就意味着1.5个参保人就要赡养一个老年人；其次是吉林，养老保险赡养率达到了65.1%；辽宁的养老保险赡养率在3个省份中最轻，为56.2%。养老保险的赡养率最低的3个数据，分别是福建和北京的19.9%，广东的10.2%。通过计算可以得出，我国地区间养老保险负担差异比较大，负担最高值是最低值的7倍。

（三）实际缴费率

养老保险的实际缴费率的计算公式：

$$职工养老保险的实际缴费率 = \frac{职工养老保险基金实际收入/职工参保人口}{城镇单位职工的平均工资}$$

从表3—5可以看出，2015年全国平均城镇职工基本养老保险实际缴费率为17.7%，由于不同地区经济发展水平有别、退休人员的多少以及年龄结构的差别，不同地区之间的养老保险实际缴费率差异较大。实际缴费率低于全国平均水平的省份有7个，主要分布在我国的东部地区，东部地区是劳动力的主要输入地，人口相对年轻，企业的实际缴费率偏低；实际缴费率超过25%的省份有8个，主要位于我国西部和东北地区，这些地区人口老龄化较为严重，实际缴费率偏高。广东省2015年企业实际缴费率为8.4%；黑龙江省2015年企业缴费率达到了31%，缴费率高的地

[①] 路锦非：《合理降低我国城镇职工基本养老保险缴费率的研究》，《公共管理学报》2016年第1期。

区和缴费率低的地区的差别达到了 3 倍以上。地区之间缴费负担的差异，与我们所坚持的职工基本养老保险筹资公平的原则相悖，也背离了在市场经济条件下劳动成本应当公平的法则。[1]

表 3—5　2015 年我国各区域城镇职工基本养老保险企业实际缴费率

地区	在岗职工人均缴费额（元）	在岗职工平均工资（元）	实际缴费率（%）	地区	在岗职工人均缴费额（元）	在岗职工平均工资（元）	实际缴费率（%）
全国	11190.6	63241	17.7	湖南	11504.2	53889	21.3
北京	13483.8	113073	11.9	内蒙古	15307.4	57870	26.5
天津	15468.5	81486	19.0	广西	12290.9	54983	22.4
河北	11280.5	52409	21.5	重庆	13925.4	62091	22.4
上海	21646.2	109279	19.8	四川	13443.7	60520	22.2
江苏	10262.5	67200	15.3	贵州	10608.2	62591	16.9
浙江	10126.7	67707	14.9	云南	13964.3	55025	25.4
福建	7058.1	58719	12.1	西藏	22741.9	110980	20.5
山东	10948.9	58197	18.8	陕西	11115.4	56896	19.5
广东	5556.9	66296	8.4	甘肃	15847.7	54454	29.1
海南	89409.0	58406	15.3	青海	14778.3	61868	23.9
山西	13425.6	52960	25.4	宁夏	12952.3	62482	20.7
安徽	12537.2	56974	22.0	新疆	17609.5	60914	28.9
江西	10301.0	52137	19.8	黑龙江	15932.9	51241	31.0
河南	8939.0	45920	19.5	吉林	13552.3	52927	25.6
湖北	12943.2	55237	23.4	辽宁	14303.8	53458	26.8

资料来源：笔者根据《中国统计年鉴（2016）》测算得出。

（四）养老金替代率

养老金替代率是劳动者退休时领取的养老金与退休前工资收入对比的数值，它反映了劳动者退休前后工资收入的水平差异，也是衡量劳动者退休后生活得以保障的一个重要指标。按照国际标准，养老金替代率的最低

---

[1] 郑功成：《从地区分割到全国统筹》，《中国人民大学学报》2015 年第 3 期。

标准为55%。如果退休后的养老金替代率在70%左右，就可以维持退休前的生活水平；如果低于50%，生活水平较退休前则会有大幅度下降。从表3—6中可以看出，目前我国退休职工的平均替代率为44.6%，已经处于国际劳动组织公约划定的养老金替代率警戒线以内。

$$养老金替代率 = \frac{离退休参保人员年人均基本养老金}{在职职工年平均工资}$$

表3—6　　2015年我国各区域城镇职工基本养老保险待遇

地区	离退休参保人员人均基本养老金（元）	在岗职工平均工资（元）	平均替代率（%）	地区	离退休参保人员人均基本养老金（元）	在岗职工平均工资（元）	平均替代率（%）
全国	28235.6	63241	44.6	湖南	23019.0	53889	42.7
北京	40790.0	113073	36.8	内蒙古	27150.4	57870	46.9
天津	30928.7	81486	38.0	广西	25195.2	54983	45.8
河北	30854.8	52409	58.9	重庆	21797.3	62091	35.1
上海	43730.1	109279	40.0	四川	22174.5	60520	36.6
江苏	27084.1	67200	40.3	贵州	25548.5	62591	40.8
浙江	27769.6	67707	41.0	云南	27011.5	55025	49.1
福建	29503.7	58719	50.2	西藏	49473.7	110980	44.6
山东	33282.8	58197	57.2	陕西	29542.2	56896	51.9
广东	31174.7	66296	47.0	甘肃	28168.5	54454	51.7
海南	25403.2	58406	43.5	青海	36943.5	61868	59.7
山西	32621.6	52960	61.6	宁夏	29547.4	62482	47.3
安徽	24544.0	56974	43.1	新疆	31679.6	60914	52.0
江西	22835.9	52137	43.8	黑龙江	25964.8	51241	50.8
河南	26709.3	45920	58.2	吉林	22283.5	52927	42.1
湖北	25047.7	55237	45.3	辽宁	27216.2	53458	50.9

资料来源：笔者根据《中国劳动统计年鉴（2016）》测算得出。

从养老保险的待遇水平来看，不同地区由于养老金待遇标准和工资水平的差异,在养老金平均替代率上存在较大的差异。北京、天津、重庆、四川养老金平均替代率还不到40%,而河北、山西、河南、青海几个省份的养老金替代率接近60%。养老金的替代率与经济的发展水平呈现出一定的负相关性。

(五) 城镇职工养老保险金结余状况

养老保险基金的结余情况也是反映地区养老保险负担的重要指标。在地区分割统筹、缴费各异的情况下,各地的养老金余缺差别很大。

养老保险基金当期结余 = 养老保险基金当期收入 - 养老保险基金当期支出

表3—7　　2015年我国各区域城镇职工基本养老保险结余状况

地区	基金收入(亿元)	基金支出(亿元)	当期结余(亿元)	累计结余(亿元)
全国	29340.9	25812.7	3528.2	35344.8
北京	1601.2	965.5	635.7	2796.6
天津	594.3	559.5	34.8	396.4
河北	1073.9	1137	-63.1	755.8
上海	2226.1	2035.2	190.9	1451.0
江苏	2153.9	1844.7	309.2	3163.7
浙江	1958.5	1583.7	374.8	3070.4
福建	519.9	434	85.9	576.2
山东	2105.6	1845.2	260.4	2233.4
广东	2563.6	1475.5	1088.1	6532.8
海南	168.0	157.5	10.5	114.2
山西	688.6	657.0	31.6	1264.4
安徽	765.9	605.5	160.4	1042.4
江西	605.6	537.1	68.5	498.9
河南	1027.1	961.0	66.1	997.5
湖北	1132.4	1103.6	28.8	850.4

续表

地区	基金收入（亿元）	基金支出（亿元）	当期结余（亿元）	累计结余（亿元）
湖南	910.1	849.4	60.7	939.3
内蒙古	567.6	565.0	2..6	474.2
广西	479.1	470.9	8.2	456.5
重庆	758.1	664.9	93.5	755.4
四川	1680.6	1527.6	153.0	2166.4
贵州	315.4	242.2	73.2	480.4
云南	406.5	329.0	77.5	650.5
西藏	28.2	18.8	9.4	49.8
陕西	604.9	613.0	-8.1	453.3
甘肃	312.2	307.6	4.6	365.8
青海	103.3	111.2	-7.9	76.4
宁夏	143.9	137.1	6.8	172.2
新疆	607.0	490.4	116.6	861.4
黑龙江	1030.7	1223.2	-192.5	130.9
吉林	569.2	609.9	-40.7	383.1
辽宁	1630.2	1743.2	-113.0	1170.8

资料来源：笔者根据《中国统计年鉴（2016）》测算得出。

从表3—7可以看出，2015年我国城镇职工基本养老保险当期基金结余3528.2亿元，收大于支。基金结余最多的地区是广东省，达到了1088.1亿元；缺口最严重的地区是黑龙江省，基金缺口达-192.5亿元，广东与黑龙江在养老金之间的差距达到了1280.6亿元，差距明显。我们通过对表3—7进行分析也会发现，养老保险基金结余的地区主要集中在东部沿海地区，养老保险基金缺口地区主要集中在中西部和东北老工业基地。

第三节 基本养老保险供给区域碎片化的原因探究

基本养老保险制度的区域差异对劳动者养老关系和统筹账户的转移接续造成诸多不便，并且容易导致社会统筹的不公平和非均等化，造成养老保障制度的碎片化，以至于带来养老保险的"便携性损失"[1]，并呈现出日趋固化的区域利益失衡格局。[2] 在对我国基本养老保险制度变迁及区域差异性分析的基础上，就会发现其之所以呈现当前的区域差异性状况，与我国中央政府与地方政府间的关系及地方机会主义的影响密切相关。

一 中央政府与地方政府财权和事权关系的变化

我国中央和地方政府的关系比较复杂，归根结底主要涉及国家权力和职能在政府内部的纵向划分问题，具体分为行政关系（事权关系）和财政关系（财权关系）两个层次，[3] 其本质是中央政府与地方政府之间的利益关系。目前，我国政府组织层级分为中央、省、市、县、乡五个层级，为了与本研究结合起来，我们将中央政府与地方政府间的关系限定在中央政府与省（市、自治区）级政府之间。

（一）中央政府与地方政府间的财政关系

财政收入、财政支出、转移支付和财政管理之间的关系，是分析中央与地方政府关系的三个基本要素。[4] 我国中央与地方财政关系由频繁的政策调整进入到规范的制度创新阶段的主要标志是1994年的分税制改革，这次改革也意味着中央政府长期推行放权让利造成"中央穷，地方富"后重新集权的尝试。"通过此次改革，中央政府成功把大部分财政收入权力转移到自己手中"[5]，由过去地方政府向中央转移财政收入转变为中央向地方转移，[6] 中央与地方的财政关系发生了逆转。

1. 中央与地方的财政收支关系

分税制改革以来，中央财政收入比较稳定，在财政支出方面，如表3—8所示，中央财政支出占同期国家财政支出的比例在不断下降，从1994

---

[1] 郑秉文：《改革开放30年中国流动人口社会保障的发展与挑战》，《中国人口科学》2008年第5期。
[2] 郑功成：《从地区分割到全国统筹——中国职工基本养老保险制度深化改革的必由之路》，《中国人民大学学报》2015年第3期。
[3] 鲁全：《转型期中国养老保险制度改革中的中央与地方关系研究——以东北三省养老保险改革试点为例》，中国劳动保障出版社2011年版，第75页。
[4] 董慧敏：《中央与地方财政事权关系述评》，《国家治理》2016年第11期。
[5] 陈硕、高琳：《央地关系：财政分权度量及作用机制再评估》，《管理世界》2012年第6期。
[6] 楼继伟：《财政体制改革的历史与路径》，《财经》2012年第319期。

表 3—8　　　　1994—2016 年中央和地方财政收、支分别占
国家财政总收、支的比重

年份	财政收入绝对数（亿元）			比重（%）		财政支出绝对数（亿元）			比重（%）	
	全国	中央	地方	中央	地方	全国	中央	地方	中央	地方
1994	5218.10	2906.50	2311.60	55.70	44.30	5792.62	1754.43	4038.19	30.29	69.71
1995	6242.20	3256.62	2985.58	52.17	47.83	6823.72	1995.39	4828.33	29.24	70.76
1996	7407.99	3661.07	3746.92	49.42	50.58	7937.55	2151.27	5786.28	27.10	72.90
1997	8651.14	4226.92	4424.22	48.86	51.14	9233.56	2532.5	6701.06	27.43	72.57
1998	9875.95	4892.00	4983.95	49.53	50.47	10798.18	3125.6	7672.58	28.95	71.05
1999	11444.08	5849.21	5594.87	51.11	48.89	13187.67	4152.33	9035.34	31.49	68.51
2000	13395.23	6989.17	6406.06	52.18	47.82	15886.5	5519.85	10366.65	34.75	65.25
2001	16386.04	8582.74	7803.30	52.38	47.62	18902.58	5768.02	13134.56	30.51	69.49
2002	18903.64	10388.64	8515.00	54.96	45.04	22053.15	6771.7	15281.45	30.71	69.29
2003	21715.25	11865.27	9849.98	54.64	45.36	24649.95	7420.1	17229.85	30.10	69.90
2004	26396.47	14503.10	11893.37	54.94	45.06	28486.89	7894.08	20592.81	27.71	72.29
2005	31649.29	16548.53	15100.76	52.29	47.71	33930.28	8775.97	25154.31	25.86	74.14
2006	38760.20	20456.62	18303.58	52.78	47.22	40422.73	9991.4	30431.33	24.72	75.28
2007	51321.78	27749.16	23572.62	54.07	45.93	49781.35	11442.06	38339.29	22.98	77.02
2008	61330.35	32680.56	28649.79	53.29	46.71	62592.66	13344.17	49248.49	21.32	78.68
2009	68518.30	35915.71	32602.59	52.42	47.58	76299.93	15255.79	61044.14	19.99	80.01
2010	83101.51	42488.47	40613.04	51.13	48.87	89874.16	15989.73	73884.43	17.79	82.21
2011	103874.43	51327.32	52547.11	49.41	50.59	109247.79	16514.11	92733.68	15.12	84.88
2012	117253.52	56175.23	61078.29	47.91	52.09	125952.97	18764.63	107188.34	14.90	85.10
2013	129209.64	60198.48	69011.16	46.59	53.41	140212.10	20471.76	119740.34	14.60	85.40
2014	140370.03	64493.45	75876.58	45.95	54.05	151785.56	22570.07	129215.49	14.87	85.13
2015	152269.23	69267.19	83002.04	45.49	54.51	175877.77	25542.15	150335.62	14.52	85.48
2016	159552.00	72357.00	87195.00	45.35	54.65	187841.00	27404.00	160437.00	14.59	85.41

资料来源：笔者根据 2012—2016 年《中国统计年鉴》、财政部《2016 年财政收支情况》相关数据计算。

年的30%左右下降到2016年的15%左右。综合考虑财政收支状况,中央财政基本处于盈余状态,而且盈余总体上不断增大,1994年中央政府盈余为11152.07亿元,2016年盈余为44953亿元;而地方财政处于赤字状态,地方政府承担了大部分的财政支出,其财政占总支出的比重大体在70%左右。近年来,这一比重呈持续增加趋势,2016年地方财政支出更是占到了国家财政总支出的85%。

2. 中央对地方的财政转移支付

转移支付是一种资金的再分配形式,是调整中央与地方政府间财政关系的主要手段。中央对地方的转移支付是指中央政府为了缓解各区域财政收支差距、平衡政府间财力、提高财政支出的使用效益,以及实现宏观政治经济目标,向地方政府提供的无偿性补助。中央政府的转移支付是地方政府另一块重要的财政来源。如表3—9所示,分税制改革以来,中央转移支付在全国财政总支出中所占的比例大都高于30%,在当期中央财政总支出汇总所占的比例更是高于50%。由此推论,虽然中央转移支付的本意是协调中央与地方政府之间的财政关系,但是当下的现状却表明,转移支付加大了中央财政的压力,也凸显了地方政府对中央财政的依赖性。

3. 财政管理体制

中央与地方财政关系的载体或形式是财政管理体制,分税制财政管理体制则是从1994年开始中央与地方财政关系的主要形式。主要内容包括:合理划分中央与地方的财政支出范围;合理划分中央与地方的收入;以及确定中央向地方返还的数额等。分税制改革以重建财政为主旨;以加强中央政府再分配为目标,涉及中央与地方、政府与企业关系的调整,它使中央与地方财政关系"进入一个全新的状态",初步实现了中央与地方财政关系由行政制衡向机制制衡的转变。

(二) 中央政府与地方政府间的行政关系

事权就是对行政权的分类和细化,也就是政府管理国家事务的权力,[1] 而行政关系,主要是指这一事务管理权力在中央与地方政府之间的

---

[1] 宋立、刘树杰:《各级政府公共服务事权财权配置》,中国计划出版社2005年版,第15页。

表 3—9　　　1994—2016 年中央转移支付占全国财政总支出与中央财政总支出的比重

年份	中央财政转移支付（亿元）	全国财政总支出（亿元）	中央本级财政支出（亿元）	占全国财政总支出比重（%）	占中央财政总支出比重（%）
1994	2389.09	5792.62	1754.43	41.24	57.66
1995	2534.06	6823.72	1995.39	37.14	55.95
1996	2722.52	7937.55	2151.27	34.30	55.86
1997	2854.48	9233.56	2532.5	30.91	52.99
1998	3321.54	10798.18	3125.6	30.76	51.52
1999	4086.61	13187.67	4152.33	30.99	49.60
2000	4665.31	15886.5	5519.85	29.37	45.80
2001	6001.95	18902.58	5768.02	31.75	50.99
2002	7351.77	22053.15	6771.70	33.34	52.05
2003	8261.41	24649.95	7420.10	33.51	52.68
2004	10407.96	28486.89	7894.08	36.54	56.87
2005	11484.02	33930.28	8775.97	33.85	56.68
2006	13501.45	40422.73	9991.40	33.40	57.47
2007	18137.89	49781.35	11442.06	36.44	61.32
2008	22990.76	62592.66	13344.17	36.73	63.27
2009	28563.79	76299.93	15255.79	37.44	65.18
2010	32341.09	89874.16	15989.73	35.98	66.92
2011	39921.21	109247.79	16514.11	36.54	70.74
2012	45361.68	125952.97	18764.63	36.01	70.74
2013	48019.92	140212.10	20471.76	34.25	70.11
2014	51591.04	151785.56	22570.07	33.99	69.57
2015	55097.51	175877.77	25542.15	31.33	68.33
2016	59400.70	187841.00	27404.00	31.62	68.43

资料来源：笔者根据 2012—2016 年《中国统计年鉴》、财政部《2016 年财政收支情况》及历年《中央决算报告》整理测算。

分配。事权分配是以国家的具体行政结构为根本的，其目的在于提高中央与地方政府的工作效率。所以，合理的事权分配是根据不同层级政府的职权职责以及不同事务的特有属性进行划分，从而在确保中央政府在经济发展和社会生活中发挥根本性的主导作用的同时，又赋予地方政府适当的主动性和相对独立的权力，以切实提高地方事务的处理效率和行动能力。①

政府的基本特点是有强制人们采取行动的权力，其职能主要包括如下三大领域：一是调节收入和财富的分配。在现代社会，各国政府普遍要发挥再分配的作用，以促进社会和谐。二是提供公共产品和服务。三是保持宏观经济稳定。② 各级政府要履行好政府职能，实现多样性与有效性、灵活性和原则性的统一，就需要合理划分中央与地方政府的事权。③

从发达国家的经验来看，中央与地方间事权的划分大都以《宪法》或专门法律为基础，且相对稳定。④ 我国在《宪法》《国务院组织法》《地方组织法》等法律中，也对中央与地方政府事权划分做出了若干规定。《宪法》第八十五条规定，中华人民共和国国务院，即中央人民政府，是最高国家权力机关的执行机关，是最高国家行政机关。第八十九条用列举的方式规定了国务院的十八项职权。⑤ 现行的《地方组织法》第五

---

① 李连芬：《我国基本养老保险全国统筹问题研究》，经济日报出版社2015年版，第23页。
② Riehard Musgrave, *The Theory of Public Finance*, New York: Me Graw-Hill, 1959.
③ 楼继伟：《中国政府间财政关系再思考》，中国财政经济出版社2013年版。
④ 李萍主编：《财政体制简明图解》，中国财政经济出版社2010年版。
⑤ 第一，根据宪法和法律，规定行政措施，制定行政法规，发布决定和命令；第二，向全国人民代表大会或者全国人民代表大会常务委员会提出议案；第三，规定各部和各委员会的任务和职责，统一领导各部和各委员会的工作，并且领导不属于各部和各委员会的全国性的行政工作；第四，统一领导全国地方各级国家行政机关的工作，规定中央和省、自治区、直辖市的国家行政机关的职权具体划分；第五，编制和执行国民经济和社会发展计划和国家预算；第六，领导和管理经济工作和城乡建设；第七，领导和管理教育、科学、文化、卫生、体育和计划生育工作；第八，领导和管理民政、公安、司法行政和监察工作；第九，管理对外事务，同外国缔结条约和协定；第十，领导和管理国防建设事业；第十一，领导和管理民族事务，保障少数民族的平等权利和民族自治地方的自治权利；第十二，保护华侨的正当权利和权益，保护归侨和侨眷的合法权利和利益；第十三，改变或者撤销各部、各委员会发布的不适当的命令、指示和规章；第十四，改变或者撤销地方各级国家行政机关的不适当决定和命令；第十五，批准省、自治区、直辖市的区域划分，批准自治州、县、自治县、市的建置和区域划分；第十六，依照法律规定决定省、自治区、直辖市的范围内部分地区进入紧急状态；第十七，审定行政机构的编制，依照法律规定任免、培训、考核和奖惩行政人员；第十八，全国人民代表大会和全国人民代表大会常务委员会授予的其他职权。

十九条则以列举的方式,明确了县级以上的地方各级人民政府的十项职权。①

从法律条文中,我们可以看出我们政府间事权划分的特点:第一,主要集中在职能的划分,忽视了权力的划分。无论《宪法》还是《地方组织法》都是列举出中央和地方政府的职能,而没有对权力做出明确的划分。② 第二,职能的划分不够全面。关于职能的划分主要集中在行政管理领域,对社会管理、公共服务职能的划分显著缺乏。第三,对中央和地方职能的划分过于笼统,缺乏配套法规,操作性不强,地方政府拥有的事权几乎是中央政府的翻版。③ 在职责和机构设置上呈现出不同层级政府间"职责同构"的现象。各级政府职权的重叠亦会导致在职能行使过程中的冲突与矛盾。

二 中央与地方政府责权划分与养老保险区域碎片化

中央和地方政府在事权和财权的划分,从本质上是各级政府如何分配和使用,由政府动员所获得的社会资源的问题。④ 在实际工作当中,由于事权和财权实际处于相对不对应的情况,财政更为集中在中央政府,实际

---

① 第一,执行本级人民代表大会及其常务委员会的决议,以及上级国家行政机关的决定和命令,规定行政措施,发布决定和命令;第二,领导所属各工作部门和下级人民政府的工作;第三,改变或撤销所属各工作部门的不适当的命令、指示和下级人民政府的不适当的决定、命令;第四,依照法律的规定任免、培训、考核和奖惩国家行政机关工作人员;第五,执行国民经济和社会发展计划、预算,管理本行政区域内的经济、教育、科学、文化、卫生、体育事业、环境和资源保护、城乡建设事业和财政、民政、公安、民族事务、司法行政、监察、计划生育等行政工作;第六,保护社会主义的全民所有的财产和劳动群众集体所有的财产,保护公民私人所有的合法财产,维护社会秩序,保障公民的人身权利、民主权利和其他权利;第七,保护各种经济组织的合法权益;第八,保障少数民族的权利和尊重少数民族的风俗习惯,帮助本行政区域内各少数民族聚居的地方依照宪法和法律实行区域自治,帮助各少数民族发展政治、经济和文化的建设事业;第九,保障宪法和法律赋予的妇女的男女平等、同工同酬和婚姻自由等各项权利;第十,办理上级国家行政机关交办的其他事项。

② 熊文钊:《大国地方:中国中央与地方关系宪政研究》,北京大学出版社 2005 年版,第 162 页。

③ 金太军、赵晖等:《中央与地方政府关系建构与调谐》,广东人民出版社 2005 年版,第 221 页。

④ 梁鹏、周天勇:《解决中央和地方事权与财权失衡的理性探索》,《地方财政研究》2004 年第 1 期。

的行政职能则更多地由地方政府承担,所以地方政府面临较大的财政压力。所以,拥有事权却在财政开支上捉襟见肘的地方政府只能向中央政府逐层倒逼,各项事权的执行都依赖于中央财政转移性支付。最终导致中央政府与地方政府责权划分不清,形成了基本养老保险政策中央统一性与地方多样性的现状。

(一)中央与地方政府的财权划分对基本养老保险政策的影响

按照 1994 年分税制对中央和地方财政收入的划分,养老保险基金筹资权是一种政府获取公共收入的行为。为了筹集基本养老保险金,政府会对雇主和雇员分别征收一定比例的养老保险费用。具体说来,这一保险费用在不同国家分别呈现为税或者费的形式。在英国、美国、加拿大、法国等国家,征收的是社会保险税;而在爱尔兰和中国,是以费的形式征收。养老保险基金的筹集,归根结底是一种具有分配性质的公共收入,只是其具体的征收形式具有费或者税的形式差异。

目前,在我国相关法律不完善的情形下,基金统筹权意味着对基金管理权和自由支配权的确定,如果基金统筹权上移则意味着触动了原有地方统筹的利益;同时从本章第二节中,我们可以看出区域之间在基金的结余和缺口方面存在着明显的差异,在统筹过程中各区域之间也是有损有益,这种区域间的差异会进一步渐变为利益的分歧,中央政府与地方政府的关系成为具有各自独立利益的博弈主体。

中央与地方的利益博弈导致新的冲突。以东北三省的养老保险改革试点为例。在 2000 年辽宁省的试点工作中,确定了分别进行管理的个人账户和统筹账户。个人缴费形成个人账户,个人账户的比例为 8%;统筹资金形成统筹账户,统筹基金中的缺口则由中央政府和地方政府共同承担,各自的承担比例分别为 75% 与 25%。但在黑龙江和吉林改革试点工作中,方案一方面为个人缴费设立个人账户,还要求财政支出在填补统筹账户缺口的同时,也要按照一定比例投入个人账户。中央财政和地方财政为个人账户的注资要按照 3.75∶1.25 的比例进行。此外,还要求由中央财政补助的部分,需要全部委托给全国社会保障基金理事会进行运营。中央政府的整体利益被部门化,部分强势部门成为决策的主导者。中央政府与地方政府的博弈规则遭到了破坏。不同区域的地方政府的博弈能力有大有小,这就导致中央和地方的事权和财权划分关系多样化,相互之间缺乏一个明确、统一、一致的原则,既不利于养老保险制度的统一化管理,也为制度的分割式发展埋下伏笔。①

(二) 中央与地方政府的事权划分对基本养老保险政策的影响

从中央到地方,各层级政府大都享有相同的事权,包括决策权、执行与监督权等,但又是部分享有。我们以基本养老保险政策的制定权来举例说明,国务院负责总体框架的制定,但是具体措施由各省(市、自治区)根据中央政策和地方的实际来具体确定,这就意味着各行政区域也部分享有养老保险政策的制定权。虽然《宪法》对各级政府的职责、权限做出了框架性的规定,但是,地方行政政府在中央政府的规章和行政法规的约束下,也部分享有一定的事权范围。

由于《宪法》并没有对中央与地方的分权做出制度化、法律化的规定,这种行政性分权带有一定的随意性、盲目性和缺乏严肃性。也正是由于改革以来中央向下分权的行政性特征导致决策权的地方化,使得各地基本养老保险政策规定不统一,这体现了地方的分权和地方政府的利益偏好。而这些利益一经确定就会固化,在短时间内难以改变,对社会统筹层次提高形成诸多障碍。

(三) 事权与财权的不对等及对基本养老保险政策的影响

中央与地方政府的财权虽然得到了明确的划分,但是事权的划分依然缺乏清晰的维度,这就导致:一方面,财权集中在中央政府手中;另一方面,事权不断下移,层层向下甩包袱。在财权不断上收和事权层层下放的情况下,在基层政府形成了财权与事权不对等的现象。

我国基本养老保险制度多数区域采取的是属地化管理原则,管理权力是与统筹层次相适应的。目前我国基本养老保险实现了省级统筹,管理的权力就属于省级行政单位。中央政府承担了财政补助的绝大部分,却不享受管理的权力,处于利益净损失者的地位;地方政府享受管理权,承担的财政责任比较小,处于利益净损得者的地位。总体来说,在现行制度下,中央政府的责任大于权力,地方政府权力大于责任,这种事权与财权的不对等必然固化地方壁垒,阻碍养老保险的全国统筹。

---

① 鲁全:《转型期中国养老保险制度改革中的中央与地方关系研究——以东北三省养老保险改革试点为例》,中国劳动社会保障出版社 2011 年版,第 203—205 页。

三 地方机会主义导致的基本养老保险区域供给碎片化

地方机会主义主要是指地方政府在执行政策过程中以地方和本级政府利益最大化为目标,从而偏离了以公共利益为主要目标的行政考量。在我国的基本养老保险中,统筹层次的高低意味着地方政府和中央政府权益的分配不同。具体到养老保险而言,这一制度也成为了地方政府实现其地方机会主义的一个路径。在具体的实施过程中,地方政府可以通过保险实施的各个环节,以达到自己利益的最大化。

在当前以经济为中心的背景下,优先发展经济成为各级地方政府首要的执政目标,经济发展上去了,地方政府领导人才有可能以此为资本实现向上晋升的目标。虽然养老保险不会直接创造经济效益,但是却能成为促进地方经济发展的重要手段。

基本养老保险虽然不会直接创造经济效益,但是可以成为地方政府支持经济发展的有利手段。举例来说,社会保险征缴的力度、征缴额的核定等,都能够成为吸引外地资金、企业入驻的重要手段。此外,社会保险基金也可以变为地方的"储备性财政",在统筹地区可以成为平衡政府财政预算的后备力量,甚至可以在经济发展、城市建设等诸多方面发挥重要的财政力量。这些做法虽然违规,但是由于基本养老保险的运行和监管都由地方政府负责,所以上级政府很难获取到真实有效的信息,因而很难查处。尽管国家也会进行专项领域的审计工作,而且审计署也有足够的能力和技术发现这些违法乱纪的问题,但是这种专项审计往往时隔数年才会进行一次,无法做到经常性、持续性的审计与监督。

而且,虽然如今的行政考核不再是唯 GDP 至上,但是经济发展仍然是考核行政人员工作业绩的重要指标。而在具体的养老保险管理运行过程中,属地管理的原则赋予了统筹地区极大的事权,两者作为利益驱动和职能便宜的联合作用,促使地方政府有动机、有途径、有意愿维持当下的地方统筹状态,这将进一步加剧不同区域间基本养老保险的差异化。

本章小结

本章主要以老年福利供给中的基本养老保险为例,就供给的区域碎片化问题进行详细阐述与分析。

从理论层面来看，福利制度基于这样一个认知前提：政府对公民的健康、幸福以及社会的繁荣、发展承担基本的责任，而这一责任的实现主要是通过制定和实施公共政策、确立公共机构来实现的。作为最基本的社会再分配力量之一，养老保险在保障老年人的生活和缩小贫富差距方面发挥着重要的作用。如今，基本养老保险制度已成为国家性制度安排，享受养老保险已成为国民权益。

但是在具体的操作层面，多方面的因素共同作用，导致了基本养老保险供给的区域碎片化问题，其中，中央政府与地方政府的权责划分以及地方机会主义是其最主要的影响因素。养老保险管理体制上因袭了计划经济的条块分割传统，中央政府只给出指导文件进行原则性规定，各级政府有权根据具体情况在行政区划内形成统筹层次，自主制定更为详细的养老保险政策。而地方政府在制定政策时，既会综合考量自身的经济发展、财政能力、人口结构等多重因素，也难以摆脱地方自利性的影响。

所以，基本养老保险制度的区域差异，使得养老保险关系和统筹账户的转移和接续存在诸多困难，而且容易"形成养老保险制度的碎片化"，造成"便携性损失"，并呈现出日趋固化的区域利益失衡格局。

第四章　我国老年福利供给的管理部门碎片化

老年福利供给过程中涉及多个部门，社会保险金由不同部门征缴，养老基金由多个不同部门负责管理，围绕福利产生的利益也分散在不同的部门，容易导致"部门主义""各自为政"等现象的出现。从整体性治理的视角来看，"部门主义""各自为政"，其本质是每一专业部门分工、职责、目标都有所差异，部门组织间无法进行沟通与协调以及共享资源，以致部门间政策目标与手段相互冲突以及政策运行中出现各种组织壁垒现象。本章聚焦于政府内部，以国家行政部门间横向关系为重点，对老年福利供给中的部门碎片化进行系统的梳理和审视。

第一节　我国老年福利供给的政府部门设置

老年供养问题范围的扩大、社会结构和态度的复杂变化导致了国家行政部门在老年人福利体制中扮演着越来越重要的角色。[1] 为了确保老年福利制度的正常运转、规范运行，有关国家行政管理部门依法对涉老事务进行监督和管理，但老年福利管理部门之间职责权限的划分，又成为影响老年福利供给的重要因素。

从宏观的概念上来说，部门包括政府部门、私人部门和第三部门。跨部门指的是跨越政府部门、私人部门、第三部门三方的边界。沃德尔和布朗认为，从部门的角度看，所有的组织或者属于其中的一类部门，或者是作为部门的混合形式而存在的。从微观的概念上来说，部门是行政机关和公共事业组织的基本单位，即各个职能部门。本章阐述的部门碎片化是微

---

[1]　多吉才让：《中国老年人社会福利》，中国社会出版社2002年版，第2页。

观上的概念即不讨论政府作为一个整体与外部系统的关系,而是聚焦于政府内部,讨论横向部门之间的关系。

一 我国老年福利供给的部门改革实践

中华人民共和国成立之初,我国政府机构按照职能进行专业分工,机构数量比较庞大,直到1988年政府机构改革,境况才有所改变。2013年的国务院机构改革中,中央政府职能部门数量达到最低点(表4—1)。数量虽然下降了,但分工细致的部门化管理的特征仍然比较明显。

表4—1 中华人民共和国成立以来中央政府机构数量的变化情况[①]

年份	机构数量(个)	年份	机构数量(个)
1949	35	1981	100
1953	42	1982	61
1956	81	1988	66
1958	68	1993	59
1959	60	1998	29
1965	79	2003	28
1970	32	2008	27
1975	52	2013	25

资料来源:笔者根据历次中央政府改革方案,中央机构编制委员会办公室网站相关资料整理而成。

老年福利内容丰富,包含老年人的收入保障、医疗保障、长期健康和生活照料服务、住房保障及社会参与机会和帮助维持生活质量的社会服务,涉及老年人需求的多个领域。自20世纪50年代劳动部门建立劳动和退休制度以来,老年人的社会福利一直隶属于国家劳动部门、民政部门、人事部门、卫生部门的分别管理之下。从国家单位退休的企业职工的住房、医疗、收入等福利项目,由劳动部门负责;民政部门负责城市老年人中无家庭、无收入和无劳动能力的"三无"老人的生活保障,以及负责

[①] 本论文写作以2018年政府机构改革之间的状况为分析对象,不涉及2018年国务院机构改革方案的规定,特此说明。

为农村中无子女和亲属赡养的老人提供"五保"（保障提供衣、食、住、医疗、丧葬服务）照顾；人事部门专门负责国家干部的福利。20世纪80年代以来，干部人事制度的改革催生了离休制度的产生，一批资历深厚的老干部退出工作岗位，这些人的晚年生活由人事部门专门负责。卫生部主管公费医疗、合作医疗等医疗保障。

随着行政体制改革的不断推进，特别是经过1998年的机构改革、2008年的大部制改革，老年福利的主管部门也呈现出了一些新的变化。1998年行政体制改革过程中，组建了劳动和社会保障部。新组建的劳动和社会保障部主要负责全国的劳动和社会保险事务，内设养老保险司负责基本养老保险业务的管理；医疗保险司负责生育保险、医疗保险等业务的管理；社会福利与社会事务司负责管理全国的社会福利业务（包括老年人等的福利）；社会保险基金监督司则负责社会保险基金的监督工作等。通过对相关职能的分析可以看出，新组建的劳动和社会保障部并没有改变养老保险管理的部门分割状况，对养老救助和服务的管理仍然归属于民政部门，统一的老年福利管理机构仍未建立起来。

"大部制"的构想在党的十七大首次提出来，主要主张对机构进行整合，相近或相似的职能实行有机统一，部门或机构间有机地协调配合，最终形成合理分工、权力和责任相统一、有效监督、决策科学的行政管理体制。[①] 原劳动部和社保部门的职能主要由新组建的人力资源和社会保障部承担，例如养老保险司、医疗保险司、社会保险基金监督司、农村社会保险司等从名称到职责划分都被统一了进来。民政部的职能在这次改革中也得到了加强。卫生部主要负责的是新型农村合作医疗的管理工作；财政部管理中央财政及有关财政制度；住房和城乡建设部则承担相关的住房保障和住房公积金的工作……2013年的国务院机构改革中，将卫生部和人口计生委合并组建国家卫生和计划生育委员会，统筹规划医疗卫生资源，解决"看病难"、医疗机构服务不到位的问题。

目前，我国主要涉老部门及相关职能为：（一）国家发展改革委员

[①] 胡锦涛：《高举中国特色社会主义伟大旗帜　为夺取全面建设小康社会新胜利而奋斗——在中国共产党第十七次全国代表大会上的报告》，《十七大报告辅导读本》，人民出版社2007年版，第31页。

会：综合分析社会保障的情况，提出完善社会保障与经济协调发展的战略和政策建议。（二）民政部：承担老年人权益保护的行政管理工作，拟定相关的政策法规；拟定有关福利事业的各项规划；拟定五保户社会救济政策；协调省际生活无着人员救助工作。（三）财政部：参与国家养老保障法律、法规及有关政策、制度的研究拟定。编制中央级行政事业单位离退休经费和中央级社会保险经办机构经费预算草案，审核中央单位基本养老保险基金预算；管理中央级行政事业单位离退休经费、社会保险经办机构经费、中央对地方养老保险转移支付资金。研究制定基本养老保险基金财务制度，会同有关部门研究制定有关经费的开支标准、预算定额和财务管理办法，参与制定相关的会计制度。（四）国家卫生和计划生育委员会：负责协调推进医药卫生体制改革和医疗保障。（五）住房和城乡建设部：拟定有关住房保障的政策并负责监督实施。（六）审计署：对国家财政和有关法律法规范围内需要审计的财政进行审计监督。（七）人力资源与社会保障部：对城乡的社会保障体系进行统筹，并组织拟定有关养老保险关系转续办法以及逐步提高基金统筹层次的具体措施，参与制定养老保金的投资政策等。

二 我国老年福利供给部门的复杂性

老年福利供给是一项复杂的、系统的工作，其因职责的涉猎之广而被划分到由多个职能部门分别负责。各种分而治之的管理体制导致各部门的职责范围都是有限的，其整合资源的能力也受到了限制。尤其在需要部门合作以处理较为复杂的老年福利问题时，各部门之间的冲突以及部门本身具有的自利性，都容易导致部门供给的碎片化问题的出现，从而出现"政出多门""九龙治水"的局面。本章主要以医疗保险领域为例，来阐释说明福利供给部门的复杂性。

在我国医疗保险领域，实行多种职能分开管理的体系，具体表述为行政管理与基金管理相互分开，执行机构和监督机构相互独立。医疗保险制度运行和保险待遇涉及社会保险行政管理部门、卫生行政管理部门、审计监督等多部门多领域，具体如下：

1. 医疗保险行政管理部门。主要职能是制定医疗保险政策、规划和制度；监督、指导和管理医疗保险经办机构；协调医疗机构、参保单位或参保人与医疗保险经办机构之间的关系,共同审定医疗保险服务及偿付范围、标准和办法;对医疗保险基金的金融活动进行审查。

基本医疗保险管理权分属于卫生和社保两大部门。新农合的管理机构是卫生部门;而城镇职工和城镇居民的管理机构则是社保部门。如果将医疗保险管理权统一,究竟是把新农合从卫生部门剥离,放入社保部门,还是把职工医保和居民医保划入卫生部门,围绕着这一医疗保险管理权的权限问题,多年来两部委一直争执拉锯,多位学者也并未形成一致的建议,分别支持不同的主张,并展开多次争辩,最终也难分高下。① 国务院2013年出台的有关文件也并未对这一问题进行清晰的界定,医疗保险管理权的问题还是由两家(卫生部门和社保部门)分别管理。这也是当前我国医疗保险领域制度建设和完善的一个难题。

2. 医疗保险执行部门。医疗保险执行机构的职能是政府根据医疗保险的性质特点、业务范围来确定的。主要负责保险基金的收缴、管理及运营等,并使之保值、增值;会同金融机构、社区服务组织做好离退休人员的服务工作等。

通过对有关文件的梳理发现,目前,我国社会保险费归社保部门负责的有18个省(市、自治区),社会保险费由税务部门征缴的有13个省(市、自治区),实际情况要比表4—2分类复杂。

表4—2　省(市、自治区)医疗保险征缴机构差别(2012—2013)

征缴机构	省(市、自治区)	所占比例(%)
税务部门	内蒙古、辽宁、江苏、浙江、安徽、福建、湖北、广东、海南、重庆、云南、陕西、甘肃	42
人社部门	上海、北京、天津、吉林、河南、陕西、江西、贵州、河北、黑龙江、湖南、青海、西藏、山西、宁夏、广西、新疆、四川	48

资料来源:笔者根据各省相关法律法规文件整理。

3. 医疗保险经办部门。医疗保险经办机构在医疗保险管理中扮演参

---

① 龙玉琴、彭美:《三大医保收入今年或超万亿元 人社部 卫生部争夺》,http://www.138nf.com.,2017年10月8日访问。

保者的经纪人,代表参保者的利益,集团购买医疗服务和用药服务等角色。在医、患、保三方关系中起到协调各方利益的关键作用,对社会公众的信息和资金的流通进行管理等。①

目前,我国基本医疗保险经办机构由农村医疗机构、城乡医疗救助机构、工会、城镇职工和城镇居民医疗机构等共同组成。涉及的主管部门包括卫生部、民政部、工会以及人力资源和社会保障部等,我国医疗保险经办部门也处于多头管理的状态。

4. 医疗保险监管部门。医疗保险监管包括"基金监管"和"支付监管",但在实际部门,所谓的医疗保险监管主要指的是"支付监管",即医疗保险经办机构对医疗服务的提供方(比如定点医疗机构和药店)和参保人(或者患者)在医疗服务、支付医疗费用过程中的具体操作进行监督和管理,以查实是否符合相关的法律规定。

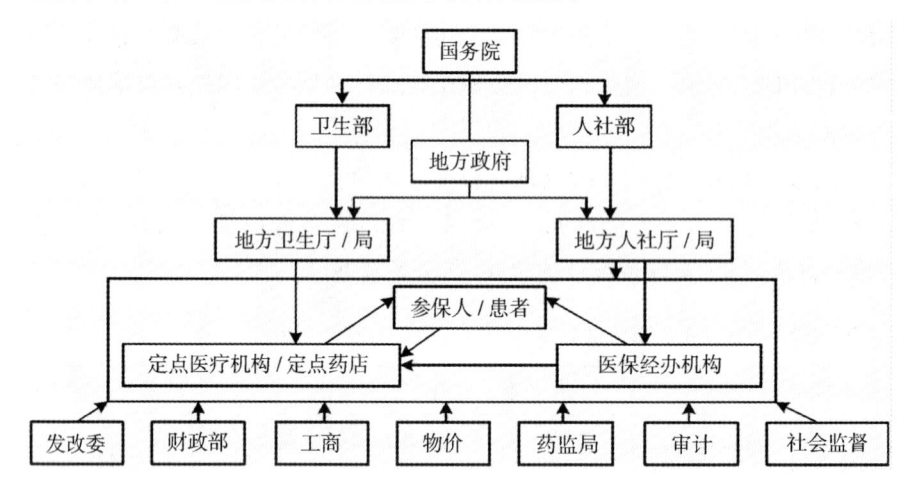

图 4—1 基本医疗保障体系主要行动者及监管框架

资料来源:梅丽萍:《走向聪明型监管:中国基本医疗保险监管的模式和路径》,中国经济出版社 2014 年版,第 64 页。

可以看出,人力资源与社会保障部门和卫生部门作为基本医疗保险监管者,负责对医疗保险经办机构及定点医疗机构执行医疗保险政策和履行

---

① 郑瑞强、李霞、胡凯:《全民医保目标下经办管理现状审视与发展对策》,《华中农业大学学报》2011 年第 4 期。

服务协议的情况实施监督管理。但从图4—1中也可以看出，医疗保险的监管部门还包括发改、财政、卫生、工商、审计、公安等。

第二节 我国老年福利供给中部门的割裂与冲突

我国老年福利供给部门的复杂性和多样性，使得不少事务的实施和运行需要多个职能部门齐抓共管、相互配合。在实际工作中，这种部门分管负责的格局，往往导致部门之间的隔阂和冲突等碎片化问题。

一 老年福利政策制定中部门的割裂与冲突

从整体上来看，老年福利政策作为一个整体，要求各项子政策在特定的时空条件下相互协调，不能相互矛盾、互相拆台。[①] 而我国老年福利供给的每项政策都是在特定的环境下产生的，是为解决某种问题而制定的。在政策制定的过程中，政府内部不同的涉老部门在各个层面互相博弈，共同作用于政策制定的过程中。所以，在实际中多元的政策供给之间往往存在"相互交叠和彼此矛盾的复合目标"[②] 的现象，许多人形象地将其称为"文件打架"，指的就是政府不同部门的政策之间的相互矛盾、相互冲突的现象。[③]

（一）部门政策制定过程中的割裂

据李侃如（Lieberthal）和兰普顿（Lampton）的研究，政府不同部门的管理者会根据自己部门的利益影响政策制定或进行有利于本部门的政策制定过程，导致权威主义的碎片化、割裂性。[④] 现实中，不同单位和部门，往往存在着条块分割，甚至是竞争、对立，配合协调难度大，信息资源不能互通，无形中增加了行政成本，阻碍了效率提高。不同部门存在分歧，例如社会保障部门，往往和经济发展部门存在潜在冲突；即使社会保

---

① 张金马：《公共政策分析：概念·过程·方法》，人民出版社2004年版，第416页。
② [英] H. K. 科尔巴奇：《政策》，张毅译，吉林人民出版社2005年版，第67页。
③ 胡象明：《"文件打架"的原因及对策》，《中国行政管理》1995年第9期。
④ Lieberthal, Kenneth. "Introduction: The 'Fragmented Authoritarianism' Model and its Limitations", *In lieberthal Kenneth, lampton David, Bureaucracy, Politics and Decision Making in Post-Mao China*, Berkeley: University of California Press. 1992. p. 278.

障部门自身，也存在不同诉求。这种冲突和诉求，就好比同一行业的竞争公司，为了利益资源，不可避免产生竞争；竞争的过程，也和市场发展相似，政府要平衡各方诉求，制定折中政策办法。

具体到社保政策，也是如此。老年福利政策的制定也是不同部门之间相互进行利益博弈、争论和妥协的过程。如果一项政策是宏观的、需要多个部委的共同参与，而各个部门由于所处的职责立场不同、坚持的部门自身利益不同，以及分析问题的视角不同等，导致它们对老年福利问题存在不同、甚至是背道而驰的主张。[①] 意见的分歧导致在政策的制定过程中免不了各部委的争论、最终往往会形成一个相对折中的方案。而如果各部门之间的实力，或者参与性差别较大，最终形成的政策更容易变成部门政策，而非公共政策。

在医疗保险政策的制定过程中，城镇职工、城镇居民和农村居民分别被不同的医疗保险体系覆盖，人社部门统筹拟定城镇职工基本医疗保险和城镇居民医疗保险政策和标准，卫生和计划生育委员会统筹拟定新型农村合作医疗保险政策和标准，具体标准见表4—3。

国家实行的三大医疗保险政策明确了不同的政策和待遇标准，政策之间的壁垒严重，导致三大人群之间的保障范围和保障标准存在较大的差异，容易导致社会摩擦和社会矛盾，影响社会的稳定和发展。城镇职工基本医疗保险实行退休人员不缴费政策、退休后医保待遇与一定的最低缴费年限挂钩，而城镇居民医疗保险和新农合则是当期缴费、当期受保。虽然城居保和新农保人均筹资水平差别不大，但是两者在待遇范围和待遇水平上也存在不小差距。1. 报销目录差距大。就可报销的药品目录来看，新农合有1100种左右，城镇医保则有2400种之多。2. 保险比例和封顶线也有差距。在相同层级的医疗机构住院，城镇居民的保险比例还是高于农村居民。3. 门诊大病病种及其待遇水平有差异。

（二）各部门政策目标和内容的冲突

在政策制定碎片化格局下，针对同一公共事务，每一个政府部门都有着自己的差异化部门认知，无论是政策议程设定，确定政策目标，还是制定和选择政策方案，不同政府部门都有着不同的偏好和政策取向。在部门

---

① 周振超：《当代中国政府"条块关系"研究》，天津人民出版社2009年版，第69页。

利益的驱动下,部门之间的政策在目标、内容上容易发生冲突。

表4—3　　　　　　中国三大社会基本医疗保险政策的比较

比较项目	城镇职工基本医疗保险	新型农村合作医疗保险	城镇居民医疗保险
保险性质	强制参保	自愿参保	自愿参保
目标定位	城镇就业人员+退休者	农村居民	城镇非就业人群
统筹范围	地(市)级	县级	地(市)级
管理部门	人社部门	卫生和计划生育委员会	人社部门
是否强制	是	否	否
补偿范围	补住院(门诊建立个人账户)	以补大病为主(保险费可累计)	补住院(保险费不累计、不退费、不转移)
连续参保激励措施	/	连续参保没有激励措施	连续缴费满3年,住院报销比例每年提高2%,最多不超过10%
缴费年限	缴费年限满15—35年后终身受保	当期缴费、当期受保	当期缴费、当期受保
基金构成	统筹账户和个人账户	统筹账户+家庭账户	统筹账户+家庭账户

资料来源:笔者根据官方公布的医疗保险文件整理而成。

1. 政府部门是按照专业分工而设置的"条形"管理机构,部门之间拥有差异化的专业知识,对待同一公共问题,容易产生不同的观点和看法。在认知分歧的基础上,每一个政府部门都有不同的公共政策目标取向,不同的公共政策目标取向必然导致政府部门采取不同的政策手段和措施。我国政府公共政策制定过程中,缺乏清晰的政策目标表述,或者存在多个笼统的政策目标,为部门之间协同制定政策构成挑战。

2. 政策内容"打架"的现象时有发生。"红头文件"是我国行政机关为进行公共事务而出台的规范性文件,是政府制定公共政策的重要体现形式。针对同一公共事务问题,如果政府部门之间出台的"红头文件"有着不同、甚至相互矛盾的政策规定,就会构成部门政策内容上的"撞车"。老年福利属于多部门职能重叠、交叉的公共问题,因而是政策内容冲突"打架"经常发生的领域。

(三) 复杂议题的部门冲突

由于老年福利制度安排的复杂性和多样性,同一议题可能会由不同的部门来负责。以城市医疗救助为例,由于城市最低生活保障、"五保"制度、教育救助等社会救助归属民政部门管理,民政部门在了解各地的收入、低收入人群构成及比例、各地低保标准及内容等方面都有一手数据,更了解实际情况,但医疗救助政策本身是一项专业性医疗服务内容,从服务专业性方面来看,卫生部门更有发言权,更能服务好群体。另外,城市医疗救助的设计本身又是一种保险设计,具有专项基金、支付比例、封顶线、起付线、基金保值升值等内容,而人力资源与社会保障部、财政部在这方面更有发言权,更能有效地管理好这个基金。议题的复杂性导致部门间的冲突,医疗救助政策出现了医疗服务内容专业化低、救助金使用率低、医疗报销路径障碍等问题。

二 老年福利政策执行中部门的割裂与冲突

(一) 部门政策资源配置的浪费

在我国的语境下,政策执行是推动既定的政策目标最终得以实现的过程,在这个过程中,政策执行者会通过不同的组织形式以及不同的政策资源,采取宣传、解释、服务和实施等行动方式将政策文本观点转化为现实的成果。[①] 我国医疗保险由不同的部门主管,各自形成一套独立的管理体系和经办机构,导致财政重复投入,信息系统不能实现共享和顺利对接,部门间协调困难,资源的重复投入及浪费等。

在专业化的部门分工下,任何部门都有明确清晰的职责。界限清晰的职责规定也可能产生消极的作用,一些部门只关注执行本部门相关的政策法规,对其他部门涉及自身的政策规定熟视无睹。以医疗保险为例,新农合和城镇居民医疗保险分别由卫生部门、人力资源和社会保障部门主管,在执行具体的政策法规时,容易造成政策执行的"缝隙",不利于政府统一调配和合理配置资源,严重造成了国家财政资源的浪费。

---

① 陈振明:《公共政策分析》,中国人民大学出版社 2003 年版,第 225 页。

(二) 部门政策执行中的冲突

在政策执行过程中，不同职能部门互相作用，形成了一个网络状的结构，政策执行的效果往往取决于政策执行中其他部门的参与、互相配合。而在实际的执行过程中，各部门往往会从本部门利益出发，而且出于理性主义和实用主义的原则，更乐于承担有利于本部门发展的工作，而遇到利益较小甚至会为本部门带来消极影响的工作时，容易避而远之。这就形成了"抢着管"和"都不管"矛盾。再以医疗保险政策为例，在新型农村合作医疗保险问题上，人社部门和卫生部门一直存在争论和分歧。具体来说，自2003年开展新型农村合作医疗的试点工作以来，卫生部主要负责这一制度的管理工作。但是后来人社部想接手管理新农合制度，于是两个部门之间就产生了纠纷。卫生部认为，新农合涉及专业的医疗知识，人社部不具备管理的能力和水平。而人社部之所以主动申请管理新农合，是觊觎每年的资金结余。而人社部则认为，卫生部不能同时负责制度的管理和监督工作，所以需要人社部的必要参与。如今，新农合制度仍然处于人社部和卫生部分治的情况。两部门之间缺少沟通和交流，再加上都不愿将利益的蛋糕拱手让人，所以在统筹方面一直没有形成共识性的决定，自然无法有效推进医疗制度的改革进程。到目前为止，全国还没有形成统一、顺畅的医保管理体制。

第三节　自利与冲突：老年福利供给部门碎片化的原因探究

一　老年福利供给中政府部门的自利性

(一) 政府部门利益的表现与特征

部门利益指的是政府的公共权力被以牟取私利的各个小团体划分，对部门利益的理解可以通过广大民众的公共利益和个人及小团体利益来进行。[1] 部门利益就是偏离了广大民众公共利益的小团体及个人利益。政府部门本身的属性决定了其拥有行政权力和公共资源，这就为它分割社会财

---

[1] 石亚军、施正文：《我国行政管理体制改革中的"部门利益"问题》，《中国行政管理》2011年第5期。

富提供了便利，如果缺少相应的监督及制衡，就容易沦为谋取部门利益的工具。

与部门利益密切相关的，其一是权，其二是利。[①] 权主要是指部门所具有的权威及职权范围，利是指权力带来的实际利益。权力的增加并不会对实际问题的解决有所帮助，权力所带来的满足感以及利益属于社会稀缺资源，与普通的公共物品相对，它具有一定的排他性。如果把权力分散给更多的部门，那么其价值就会降低，权力拥有者的满足感和自豪感也会随之降低。

部门利益具有以下几个特点：第一，反公共性。政府部门作为公共利益的代表者，同时也是政策制定与执行的主体，从应然的角度来讲，应该以国家利益为主。但是在实际生活中，掌握公共权力的政府部门为了小团体的利益，利用职权圈定部分公共财产为少部分人所有，有损于大部分人的公共利益。所以我们说，公共利益与部门利益是相对的，部门利益具有反公共性的特征。第二，部门利益也是从公共权力中获得的。政府部门本身拥有大量的行政资源和广泛的行政权力，对本部门有利可图的事情，各职权部门通过所掌握的公共权力纷纷争夺，主要表现为泛政治化的利益诉求话语与利益谋求行动。[②] 第三，追求部门利益的最大化和寻求部门利益固化。

（二）过于注重追求部门利益

回到老年福利的现实中，部门之间的权力竞争往往表现得非常微妙。以社会保险税（费）的征缴为例，可以发现各部门间的利益争夺。按照我国各省（市、自治区）政府的规定，医疗保险费的征缴部门既可以由税务机关征收也可以由人社部门设立的经办处征收。保险费究竟是统一到税务部门还是人社部门，对此并没有形成一致的建议。对每一个部门来说，征缴业务的移交意味着自己手中权限的缩小。也就意味着管辖范围、业务的缩减，自己对所管治对象的权威性也就会降低。纵观我国劳动部门（人事部门前身）的变迁，便会发现从计划经济到市场经济，其权限范围

---

① 刘军强：《资源、激励与部门利益：中国社会保险征缴体制的纵贯研究（1999—2008）》，《中国社会科学》2011年第4期。

② 孙立：《"政治正确"与部门利益——一种泛政治化现象的分析》，《中国改革》2006年第8期。

在不断地缩小。在改革开放之前，干部的各种事项归人事部门主管而企业工人的则由劳动部门具体负责。劳动部门的职权涉及范围非常广泛，比如说工人技术职称的评定、工资级数的确定以及工作调动等。从计划经济到市场经济转型以后，人社部门的职权更多属于服务性质，不利于部门政治影响力的提高。如果再把与保险费征缴相关的权限转移出去，在工作中，人社部门将丧失一个重要的工作"抓手"。由此，我们也就不难理解"费改税"在实际中所面临的各种争夺。财税部门坚决支持"费改税"，一旦社会保险费改为税后，征缴权也就自然而然地从社保部门划分出去，划分到税务部门，社保部门将彻底与征收业务脱钩，所以财税部门是"费改税"的坚定支持者。所以，费税之争从本质上是与部门利益密切挂钩的。

"部门自利"中的"利"往往涉及各部门的实际利益。一方面，参保率的高低可以作为部门的一项重要政绩，基本医疗保险政策可以作为部门实现工作目标的一种激励机制；另一方面，职权往往是与各种实际利益，比如人员编制、办公经费等密切相关。

从部门对地方政府的贡献来讲，部门对地方的财政贡献越大，在地方各部门中的政治地位与话语权就越高。一个部门掌控的财政流入越大，那么该部门在与地方政府谈判过程中就越有话语权，并且在人事指标方面，地方政府也会分配给该部门更多的人员指标、处室。所以，部门之间对职权的争夺也就更加易于理解了。

(三) 部门自利性与老年福利制度的碎片化

整体性治理认为，根据预先设定的目标，每个部门在政策执行时遵循其政策边界，专业界限外的事物则可以置之不理，这样容易导致服务的遗漏和碎片化。

在社会保险费的征缴过程中，之所以存在规制缺位和服务遗漏，在于税务部门根据自己部门的工作职责，只负责费用的征收，而不负责征收范围及征收额的多少。同时，税务机构和社保机构各有一套信息标准和信息系统，他们之间并没有相互沟通，而是按照功能严格区分开了。因此，这就容易导致一些违规行为，如用人单位少报参保人数、少报缴费基数等难以发现，致使国家每年都会遗漏大笔的应收而未收的养老金额。但是，在新实施的《中华人民共和国社会保险法》中对这一问题并没有修改。其最终的根源就在于税务部门的强势地位，本部门领导更愿意保持自己的领导力和扩大自己部门的影响，以显示本部门的权威。

二 老年福利供给中政府部门间冲突

希克斯认为，有意碎片化和无心碎片化都是碎片化的根源。无心碎片化属于意想不到的结果。[①] 医疗保险职能分属不同部门，部门之间缺乏协调互动，医疗保险制度表现出缺乏统筹和协调的特征。

（一）政府部门间冲突的表现

政府部门间关系（Inter-department Relationship）一直是西方国家公共行政学关注的焦点之一，其定位于政府内部不同部门之间的横向关系。在中国，政府部门要具有固定的职能范畴与权责界限，主要反映了不同部门之间的职责分工。同时，部门还明显掌握着许多政治、经济、人事等资源。各政府部门之间在权力分配、职能分工、权责配置上的关系，构成了政府部门间关系。"冲突与整合是政府部门间关系状态谱系的两端"[②]，整合是政府部门间相互依赖、相互协调、资源共享的理想关系，冲突主要是部门间的"裂化"或相互掣肘，对部门间的合作、协调抵制或不作为。

政府部门间冲突总是通过不同的表现形式，如"权责不清""政出多门"等，对行政体制改革的推进起着阻碍作用。事实上，在这一系列表象的背后，政府部门间的冲突主要表现在：一是"分段治理"[③]。就是指不同的部门在对事物治理的过程中，根据自己的权责配置对象进行切割，每个部门各管一段，有一个比较形象的说法是"铁路警察，各管一段"。二是"权责壁垒"。即政府内各部门之间固守各自职责与利益范畴，淡漠合作的运行机制。它加大了部门间协作的"交易费用"，使不同部门固守各自的利益领域，裂化了政府"整体性"的价值认同。

（二）政府部门冲突导致的福利损失

在我国，目前基本实现了医疗保险制度的全覆盖，但是制度的管理部门却没有统一，由人社部和卫生部分别管理。这两个部门在全国又分别具有不同的分支机构，同时管理以及政策的执行部门在全国也是分别设立

[①] Perri 6, *Towards Holistic Governance: The New Reform Agenda*. London: Palgrave Press. 2002, pp: 40–41.

[②] 张翔：《改革进程中的政府部门间协调机制》，社会科学文献出版社2014年版，第32页。

[③] 同上书，第47页。

的。这就导致了看似容易处理，实则难以调和的两套班子、两套人马等状况。不但造成财政资金的大量支出，而且浪费人力。

目前基本医疗保险监管主要是指医疗保险经办机构对定点医疗机构和参保人的监管。尽管人社部在文件中将人力资源与社会保障行政部门作为基本医疗保险的监管者，《社会保险法》第十章"社会保险监督"部分列举的监督者包括各级人民代表大会常务委员会、县级以上人民政府社会保险行政部门、财政部门、审计机关和社会保险监督委员会，也没有将医疗保险经办机构作为监管者，而且各地在文件中也是将社会保障行政部门作为监管者，但在实践中，各地社保行政部门已经将监管职能"委托"给了经办机构，各地的医疗经办机构是实际的监管者。

本章小结

本章主要是聚焦于政府内部，以部门间的横向关系为重点，对老年福利供给中的部门碎片化问题进行了详细阐述与分析。

不同的组织部门如何互相配合，而不是相互掣肘？这是一个令人着迷又经久不衰的话题。职权的固化使得部门日益形成自己的"边界"，但是，大量的公共事务问题却不能恰好完美地被这些边界化的组织部门所解决。

由于老年福利制度安排的复杂性和多样性，不少事务的实施和运行需要多个职能部门齐抓共管、相互配合。以医疗领域为例，当前医疗领域就存在城镇职工基本医疗保险、新型农村合作医疗（以下简称新农合）以及城镇居民基本医疗保险[①]和医疗救助、大病保险等多种制度，在分管部门的安排上，新型农村合作医疗保险由卫生部门负责；城镇职工医保和城镇居民医保由人力资源与社会保障部门负责；医疗救助属于社会救助，由

---

① 1998年12月，国务院颁发《关于建立城镇职工基本医疗保险制度的决定》（国发〔1998〕44号），在全国范围内建立以城镇职工基本医疗保险制度为核心的多层次医疗保障体系；2002年10月，中共中央、国务院颁发《中共中央、国务院关于进一步加强农村卫生工作的决定》，逐步建立以大病统筹为主的新型农村合作医疗制度；2003年1月，国务院办公厅颁发《国务院办公厅转发卫生部等部门关于建立新型农村合作医疗制度意见的通知》（国办发〔2003〕3号），覆盖全体农村劳动者的社会医疗保险制度建设正式全面铺开；2007年7月，国务院颁发《国务院关于开展城镇居民基本医疗保险试点的指导意见》（国发〔2007〕20号），构建起了涵盖全体城乡劳动者的社会保险医疗制度体系。

民政部门负责；大病保险则涉及到发展改革委员会、民政部门、卫生部门、人力资源与社会保障等多个部门。但在实际工作中，这种部门分管负责的格局，往往导致部门之间隔阂和冲突等碎片化问题。

每个部门都有自身的利益，部门的自利性导致了碎片化的有意结果。部门间的互相作用导致了碎片化的意外结果。在部门冲突的机制下，政府部门之间已经形成一种阻碍协作的"壁垒"，它加大了部门间协作的"交易费用"，使不同部门固守各自的利益领域，裂化了政府"整体性"的价值认同。

第五章　我国老年福利供给的主体碎片化

在人口老龄化时代,随着人口红利的消失,赡养老人的压力不断增大,老年福利的需求急剧增加。然而在现有的制度背景下,面对前所未有的人口变化,加之"家庭养老功能的不断弱化,已有机构存在服务不规范等问题"[1],单纯政府资源的投入也无法满足日趋增加且多元的老年福利需求。

故现阶段老年福利问题已无法单纯依靠政府,或其他单一供给主体来解决。为此,罗斯提出,要建立起一种国家、市场和家庭之间相互补充、共同提供福利的多主体组合体系[2]。伊瓦斯在罗斯福利多元主体的基础上指出社会福利的来源有四个,即国家、市场、社会组织及家庭。而萨瓦斯则将服务供给的主体分为公共部门(政府)和私营部门(市场、社会组织、家庭)[3],主张公众需求的满足更应该来自于民间机构而非政府,"……在产品/服务的生产和财产拥有方面减少政府作用,增加社会其他机构作用的行动。"[4] 希克斯主张公共部门和私营部门建立伙伴关系,共同承担责任。

本章将依据整体性治理理论中公私合作伙伴关系的维度,对我国老年福利供给中政府与市场、政府与社会组织合作供给模式进行剖析,分析政

---

[1] 同春芬、汪连杰、耿爱生:《中国养老保障体系的四维供给主体与职责定位》,《湘潭大学学报》(哲学社会科学版) 2015 年第 3 期。

[2] R. Rose. *Common Goals but Different Roles*: *The State's Contribution to the Welfare Mix on ResearchGate*. Oxford: Oxford University Press, 1986.

[3] [美] E. S. 萨瓦斯:《民营化与公私部门的伙伴关系》,周志忍译,中国人民大学出版社 2002 年版,第 3—4 页。

[4] 同上书,前言。

府、市场、社会组织、家庭等多方主体在老年福利供给中的责任、能力、边界及合作的可能与限度。

第一节 我国老年福利供给的主体及限度

伴随着工业化、城市化的不断发展以及生育政策的影响，养老问题从自然状态进入了理性状态，成为国家的义务和政府责任，其制度安排也逐步走向规范化和科学化，从家庭养老、国家养老步入了社会养老。老年福利供给迫切需要政府、市场、社会组织、家庭来共同参与（表5—1）。

表5—1　　　　　　　老年福利的供给主体及特征

供给主体	政府	市场	社会组织	家庭
福利供给的原则	公共责任 社会权利	竞争	志愿责任	个人责任
福利接受者角色	老年公民	老年消费者	老年公民	家庭中的老年人
福利供给内容	物质保障 服务保障	有偿商品（服务）	社会互动 社会服务	家庭支持
制度的有效标准	安全、保障	利润、效率	活跃的社会性	参与、团结

资料来源：根据彭华民、宋祥秀：《嵌入社会框架的社会福利模式：理论与政策反思》，《社会》2006年第6期改编。

一 提供安全与保障的政府

（一）政府在老年福利供给中的作用

基于公共管理理念政府的福利功能被分为"最弱""最低限度""福利国家""掌舵人"等。[①]"最弱意义的国家"是指政府职能仅限于防止暴力、偷窃、欺骗和强制履行契约等功能；"最低限度的政府"主张有限的济贫功能；"福利国家"主张建立福利国家体系，实行国民收入的再分配；"掌舵式政府"认为政府的职责是"掌舵"而非"划桨"。尽管不同

[①] 杨燕绥、阎中兴：《政府与社会保障——关于政府社会保障责任的思考》，中国劳动社会保障出版社2007年版，第68页。

的理论对国家的职能和性质存在诸多争论，但有一点是共同的，即维护社会安全、保障公民的生存安全与基本需求。政府作为公共利益和社会公众的代表者，为老年人提供公共产品和服务是理所当然的事。我国《宪法》规定，一切权力属于人民，政府的权力源于人民的赋权。而人民赋权的目的是为了更好地维护自己的权利，以避免出现霍布斯所构想的人们野蛮地相互敌对的自然状态（一种绝对混乱状态）；以及克服洛克所描述的自然法和理性法则支配下的社会性自然状态中所可能出现的个人无法维护自己的权利的缺陷。[①] 可见，为公民提供基本的养老保障仍然是现代政府执政的合法性基础之一。

政府通过颁布政策、推行和建立相关制度、直接参与经办管理、制定与养老有关的法律和财政拨款等方式，直接履行在老年福利供给中的主导责任；政府有关职能部门通过印发政策法规文件等方式，直接指导、推动老年福利相关制度的运行和建立；政府直接参与相关社会保险的经办管理，通过自上而下的不同层级社会保障部门推行相应的社会保险制度；政府承担老年福利资金按期分配的责任，老年福利各项政策必须有充足的资金，否则再好的制度也只能是一纸空文。同时，政府还监管老年福利法律、法规、政策的落实，政府要根据老年福利的法律、法规和有关政策，对老年福利承办机构进行委托、授权和监督，从而保证老年福利的健康运行。

（二）政府在老年福利供给中的功能限度

政府在老年福利供给中的资源短缺表现在两个方面：一方面，老年福利分配的不均衡问题严重。以养老保险为例，在城镇，我国不同的养老保险制度造成了企业、事业单位职工和公务员的养老待遇差距，而且这种差距有逐渐扩大的趋势。[②] 另一方面，现行的福利机制存在巨大的资源缺口。从养老保障的转制成本来看：我国由于缺乏较系统的制度设计，制度目标的分割性现象严重。据有关学者的研究结果显示，我国养老金隐形债务至少达数万亿，这一巨大的转轨成本并不能在短短几年内得以清偿，而

---

① ［英］约翰·洛克：《政府论》，赵伯英译，陕西人民出版社2004年版。
② 尽管经过国家2005年以后连续5年的调整，企业退休人员的养老金有了较大幅度的增长，2010年年底达到了1362元/月，但与事业单位，尤其是机关单位的退休金相比仍然存在较大差距。

需要几十年的时间渐进偿还。①

从政府服务的能力来看，政府已经满足不了老年人不断增加的服务需求。老年福利供给中存在的资源短缺，与制度发展过程中的路径依赖问题紧密相关。

1. 税收制度的掣肘。社会福利供给体系已经由建立在税收基础上的中央集权式向建立在多元化税收基础上的分权模式转变，② 但是在实际执行过程中部分支出责任划分不合理，执行中经常出现交叉、错位。中央和地方收入划分不合理，不能保证基层政府履行其基本支出责任的资金需求。

2. 长期的二元经济社会结构固化了老年福利供给的选择性。从中华人民共和国成立初期的国际环境和历史条件来看，我国必然选择以重工业优先发展为特征的赶超型发展战略。通过以统购统销、价格剪刀差等制度安排完成我国发展工业化所需的资金，从而保证我国在短时间建立起完整的工业化体系。在这一过程中，中国在各个领域也逐步实行了城乡分割的制度。可以说，由于长期形成的二元经济社会结构格局以及在此基础上形成的各种城乡分割制度，导致了城乡社会养老保险一致采取分而治之的方法，以适应这种二元结构。

不管是资源短缺还是路径依赖，都考验着政府在老年福利供给上的行动措施与功能发挥。在老年福利供给中，政府存在的资源短缺与路径依赖，注定了其福利功能的限度。所以，问题的解决不能仅仅依赖于政府一方。

二 追求利润与效率的市场

（一）市场在老年福利供给中的作用

福利多元主义认为，市场的作用在于提高公民的责任感与产出效率，避免政府干预引发的体制僵化、效率低下以及福利过度。在当前我国社会，政府提供的福利"不平衡、不充分"，与老年人对福利的需求之间存

---

① 赵人伟、赖德胜、魏众：《中国的经济转型和社会保障改革》，北京师范大学出版社2006年版，第6—8页。

② Tang, M., Financing Compulsory Education in China: Establishing a Substantial and Regularized Scheme of Intergovernmental Grants, *Harvard China Review*, 2002. (5).

在较大的差距，这就为市场作用的发挥留下了足够的空间。随着社会多样化的发展，市场在老年福利供给中所起到的作用越来越大，商业性养老保险可以在养老领域充分发挥资源配置的作用，满足不同群体的养老需求；民营机构养老不仅增加了养老服务的供给，提升了养老服务的水平，而且促进了经济的增长；其他营利性的养老方式主要是指一些多样化的养老产业，例如医养护一体化、智能化养老建设、养安享养老项目等，这些产业能够满足多样化的养老需求。

（二）市场在老年福利供给中的功能限度

市场本身的"逐利性"与老年福利本身的"公益性"冲突，导致老年人希望得到的社会化养老服务无法转化为现实的有效需求。市场以盈利为其终极目标，竞争机制虽然可以提高老年福利供给的效率，但却无法保证福利分配的公平性，容易导致"贫者愈贫、富者愈富"的现象。在养老服务领域，具体表现为：当前民办养老服务机构存在资金短缺问题，但是政府政策中规定的税收优惠以及社会捐赠在其中发挥的作用十分有限；国内存在大量下岗失业人员兴办养老机构的情况，养老机构的创办者在开办之初的动机和目标很难得到保证，寄希望于举办者的公益精神则会承受道德风险。在实践中经常存在以满足自身利益最大化为目的的现象，导致服务质量、服务水平以及维护老年人的合法权益等方面有所欠缺。

三　促进社会活跃的组织

（一）社会组织在老年福利供给中的作用

社会组织由于在社会结构中的特殊地位，具有比政府机构更多的灵活性和较高的工作效率等特点，并且具有服务传递、社会支持等独特的资源，能够弥补政府的欠缺或市场机制的失灵，利用自身的资源和优势提供各种服务，满足不同群体的特殊需求。国内与国外的实践都表明，社会组织是老年福利制度体系中不可或缺的组织创新，有着政府、市场不可替代的作用。

社会组织既可作为政府和社会公众联系的桥梁和纽带，也可作为独立运行的服务主体，在老年福利中发挥着重要作用。政府、市场和家庭代表着根本不同甚至互相冲突的组织原则、目标行为方式和价值取向。在福利多元化的状态下，这些不同的机构不仅需要生存而且需要相互合作，社会组织作为一种中间机构发挥着关键作用，能够缓和各种矛盾，为各种不同部门创造合作、沟通的机会，而且还能整合不同部门的资源，进行优化组合。例如全国第一个非营利性的养老中介服务机构——大连银发养老服务超市，通过整合有效的资源，实现养老需求与养老服务的对接。

社会组织还可以分担政府的责任，填补政府工作的空白或薄弱环节。政府承担的福利责任被限制在一定的范围内，留给社会组织的空间在许多国家都相当宽松，这使社会组织从事老年福利的生存和发展都具备了有利的条件，而且传统意义上的慈善事业也与社会组织有着不可分割的历史渊源。

（二）社会组织在老年福利供给中的功能限度

但是我们应当看到，我国社会组织发展仍然比较缓慢，尚未独立具备为老年人提供福利的能力。第一，我国社会组织发展过程中基本上是依靠政府发展起来的，行政化倾向严重，行政化倾向侵蚀了社会组织的独立性，志愿机制作用的发挥受到限制。第二，社会组织在发展过程中出现了一些与其宗旨相悖的行为和现象，走上了"逐利""唯利"的道路。社会组织的赢利冲动和赢利行为可能会降低老年福利供给的质量，造成福利资源的流失。第三，社会组织的能力与政府期望还存在一定的差距。以政府向社会组织购买养老服务为例，一方面，由于从事养老服务这一公益性事业的工资低、压力大、责任重，很少有人愿意从事专职社工；另一方面，社会组织工作人员构成复杂且流动较大，缺乏长期从事志愿性服务的专职社工。这导致社会组织工作的低效率，也影响了社会组织为老年人提供服务的水平，引发公众对社会组织专业化水平的怀疑。

四 增进参与和团结的家庭

（一）家庭在老年福利供给中的作用

家庭作为社会生活的基本细胞，也是老年人受到照顾的最直接来源。对一个老龄化社会来说，家庭对老年人的支持功能是不可忽视的，因为"照护"本身不仅涉及照顾过程中各种具体事务的完成，更涉及照顾者与被照顾者之间情感关系的建立。尤其对老年人来说，家庭成员之间的照顾更是成为被照顾者的首要选择。作为福利供给者，家庭的社会福利功能主要体现在夫妻扶助、养育子女、照顾老人和情感慰藉方面。相比政府、市场、社会组织等福利供给主体,家庭具有以下的特殊性和不可取代性:第一,家庭福利供给是建立在血缘基础上的自愿供给,这种供给一般不会产生管理成本。而且这种供给几乎是零距离的,方便、及时、快捷,一般不会产生距离成本,同时也有利于节省因跨越距离而产生的时间成本。第二,这种供给是对其他供给方式的重要补充。现代社会是福利高度社会化的时代,生产的社会化和交往互动的社会化决定了家庭福利已经不能适应社会发展的需求,老年人的养老需求满足需要全社会的力量加以组织和实施。但是由于老年福利体制本身的原因及受社会经济发展的局限,不是每个老年人在每个方面都能够享受到全面地福利关怀,这就在客观上为家庭福利发挥其补充和补偿功能提出了现实要求。第三,在广大农村及落后地区,社会福利化水平依然很低,家庭在老年福利供给中依然发挥着重要意义。

(二) 家庭在老年福利供给中的功能限度

随着福利社会进程的加快,家庭在福利供给过程中的角色及功能也在逐渐弱化。家庭保障虽然可以比较顺利地实现代际之间及成员之间福利资源的纵向或横向供应,但是其确实存在着难以抵御市场经济条件下家庭成员必须面临的风险的弱点。加上社会变迁中家庭结构的逐步缩小,传统家庭的各项功能,如生产功能、经济功能也在弱化,福利功能的弱化被社会取而代之也是一个发展趋向。第一,老年人家庭资源支配能力下降。传统的家庭养老安排往往建立在长辈掌握一定生存资源(土地和房屋)基础上,而且这些资源也是子代维持生存所不可或缺的。但是在当代农村,土地为集体所有,农民从中所获得的收入有限。从就业方式上看,中老年亲代务农比例相对较高,成年子代外出从事非农业活动为主,子代收益明显高于亲代。父母一旦年老,完全依赖子女供养时,其对子女基本上不具有制约能力。在城市,退休金和医疗保险制度虽然能够保证老年人的基本生活所需,但当生活不能自理时,子女给予照料仍是必不可少的,但是 20世纪 70 年代以来的少子生育使家庭照料老年长辈的人力资源明显萎缩,甚至缺位。第二,子女履行赡养义务的缺失。家庭养老建立在老年人与子女同地居住的基础上。目前农村劳动力转移已由 20 世纪 80 年代和 90 年代中青年男性劳动力为主转向已婚者全家一起外出、相对长期居住在打工地区为主转变。在老年人身边行使直接赡养、照料责任的子女减少。老年父母不仅难以从子辈那里获得照料，且不得不尽其所能帮助子辈。

第二节 我国老年福利供给中的公私合作实践

通过对我国老年福利供给主体及限度的分析，可以看出老年福利的供给已超越了单一组织的能力范畴。因此为了适应社会快速发展以及满足老年福利多元化的需求，这就需要"整合公共部门和私营部门之间的资源，共享权力、利益，共同分担责任和风险，生产和供给公共产品和服务"[1]。

在公共服务领域，由公共部门和私营部门共同合作，主要是政府角色的转变。政府不再是直接出资、直接建立机构、直接提供服务的供给方，同时政府也绝非完全退出公共服务的供给领域，而完全由非政府组织负责相关事宜。公私合作可以被视为两个极端之中的合理选择，是"克服政府完全包办和完全退出问题的一种替代模式"[2]。这也是目前我国老年福利供给中越来越频繁的供给方式。

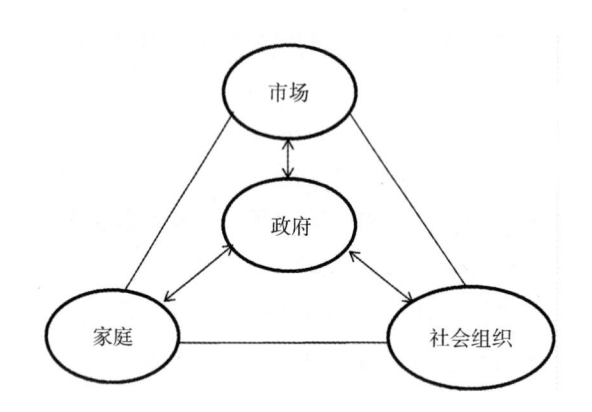

图 5—1 公私合作伙伴关系图

资料来源：笔者自制。

从图 5—1 中可以看出，老年福利供给中的公私合作主要包括政府与市场、政府与社会组织以及政府与家庭之间的合作。政府与市场、政府与

---

[1] Perri 6. *Towards Holistic Governance：The New Reform Agenda*. New York：Palgrave.
[2] 翟志远：《公共服务供给中的主体间关系——基于中国的多案例研究与比较》，浙江大学博士学位论文，2012 年。

社会组织之间的合作供给已经得到了社会广泛的认可，而政府与家庭之间的合作供给还比较少。因此，接下来笔者主要通过案例分析政府与市场及社会组织间如何互动；在福利供给过程中还面临哪些困境。在对具体案例分析时，其分析框架如下：

表5—2　　　　　　　　公私合作供给养老服务的描述框架

构成要素	描　　述
合作背景	公私供给主体合作的外部和内部因素
合作对象的选择	政府作为养老服务供给机制的主导者如何选择合作对象；公私合作双方如何互动
合作过程	公私主体间在哪些内容上进行合作：如资金、财务、人力等
合作优势	公私合作供给养老服务的优势
合作困难	公私合作供给养老服务中存在的困难

资料来源：作者根据有关材料整理而成。

一　政府与市场公私合作供给：以济南天思国际养老服务中心为例

天思国际养老服务中心在济南市社会养老服务业中具有较大典型性。天思国际在社区养老服务方面已积累大量实践经验，其品牌影响力非常大。它曾被山东省民政厅列为第一批民政标准化建设试点单位，参与撰写日间照料中心标准。2015年，联合国秘书长曾来与老人一起联欢。基于上述多方面的原因，我们选取济南天思国际养老服务中心作为本研究案例单位。笔者采访了天思国际养老项目中的三位主要负责人，分别是社区养老服务中心杨主任，天思国际养老服务中心张总、唐助理，对他们分别进行了两个小时左右的半结构化访谈，并对访谈进行了录音及笔记记录。

（一）合作的背景

"十二五"期间，在政府政策引导及各级财政支持下，城市社区居家养老服务成为今后发展的趋势。2013年，山东省首家老年日间照料中心落户济南，随后扎根于社区的养老服务中心、日间照料中心得到快速发展。这一背景下，济南市社区服务中心作为该市民政局下属的事业单位，也把发展重心转向社区居家养老服务领域。2015年，社区服务中心引入天思国际，共同合作打造天思国际养老服务中心。

济南天思国际养老服务中心是天思国际与济南市社区服务中心合作的项目。山东天思国际养老企业管理有限公司于 2015 年在济南工商局注册成立，注册资本为 5000 万元人民币。济南市社区服务中心是济南市民政局下属的事业单位，其工作重点是社区居家养老服务领域。双方合作中，社区服务中心无偿提供 3000 多平方米的场地，委托天思国际运营，天思国际为此专门成立济南天思国际养老服务中心，力求打造一个集日间照料服务、居家入户服务和全日制照护服务为一体的服务中心。

(二) 合作对象的选择

当谈及为何会有双方合作时，社区服务中心杨主任认为：

社区服务中心是民政局下属的事业单位，最近几年我们主要的任务就是开发、打造一批满足老人需求的服务项目。社区居家养老服务介于家庭养老和机构养老间，是今后社会化养老发展的趋势，也是解决老龄化下养老服务的正确路子。（编号 TSS1）

而天思国际张总说：

2003 年，天思就走上养老服务之路，并形成天思养老品牌，现在我们已成为全国连锁品牌。我们有着自己养老产业运营模式，包括拥有自己的服务机构、护理培训学校、专业服务团队、养老服务咨询及管理团队。看到济南市社区居家养老服务发展的蓬勃之象，我们对进入济南非常感兴趣。（编号：TSY1）

在双方对社区居家养老发展前景高度认同基础上，双方签下了合作协议，共同打造一家养老服务中心。而之所以社区服务中心会选择天思国际合作，杨主任说：

我们看中的是天思国际的专业性。作为民政局下属单位，能为老人做点实事一直是我们工作中所坚持的。2015 年时，济南已有不少社区建起日间照料中心，但多数都跑偏了，几个活动室和几张床位就是日间照料中心了？我们长期工作在社区服务第一线，知道老人真正

的需求是什么，所以就想做一个能切实解决老人需求的日间照料中心。（编号：TSS1）

天思国际张总道：

宝贝文化是天思核心理念，我们有自己服务机构、服务团队，为长者提供陪伴养老服务是我们这么多年来一直追求的。（编号：TSY1）

（三）合作过程

谈到具体合作时，杨主任认为：

社区服务中心提供3000平方米房屋，天思国际注册民非机构，负责具体管理运营。起初我们就定下原则，我们不干预他们具体运营事务。我们负责帮他们协调及对他们进行监督。（编号：TSS1）

社区服务中心在本案例多主体互动中发挥着重要协调、沟通作用。一方面，社区服务中心是民政局下属的事业单位，同时又无偿的提供了场地，所以在与天思养老服务中心互动中，社区服务中心有时充当着政府代理人。

我们发展中遇到问题会随时向主任请示、汇报，我们很多业务的拓展也需要主任支持。（编号：TSY2）

在问及双方关系时，天思国际唐助理强调的是：

请示、汇报。（编号：TSY2）

另一方面，社区服务中心又是天思养老服务中心的甲方，当涉及养老服务中心利益时，他们又是利益相关的合作伙伴，所以又要积极地与政府协调、沟通，帮助天思养老服务中心争取利益。

之前我们举行大型户外活动非常受限，没有场地。给主任汇报后，主任去找了当地街道，最后协调把门口小广场无偿给我们使用。（编号：TSY2）

这个案例中社区服务中心给了我们很深印象，作为民政局下属的单位，他们一直处在养老服务第一线，对养老服务发展有着很强的责任感。对老人的真正需求也有着非常到位的理解及把握。可从当前事业单位改革方向看，他们又不再被当作事业单位对待。

当时有很多单位找我们租这个场地，可后来我们还是无偿让给养老服务中心，就是想着能在日间照料这块探索出个路子，并没有完全站在经济立场考虑。（编号：TSS1）

天思养老服务中心成立之初就是一家自负盈亏的机构，当时机构维持运转的营生就是发展会员服务。而会员服务项目都是要进行收费的，但考虑到场地的支持，收费都要比市场价低。

我们所提供的服务都是基于前期调研确立的，都是老人现实中急需的，且质量非常好，定价还比较低。但运营一段时间后，发现老人对这种付费服务不太热心。很多老人来都是只参加免费活动，一听收费就不来了。（编号：TSY2）

会员服务本来是这一机构生存下去的营生，但现实中却表现出频频失灵。会员服务受限使得机构自负盈亏压力加大，甚至一度陷入运转不下去的境地。

天思养老服务中心作为所辖区域比较正规、有规模的机构，除了发展会员服务外，还承接了当地政府及职能部门的一些为老服务。最近两年所承接的项目有：绿源街道购买服务，为所辖区域老人提供日间照料服务；济南市卫计委购买服务，为济南市失独老人提供关爱服务。通过项目制这种方式，使得服务的效率及质量都有了很大提升。

> 失独老人关爱项目非常成功。很多老人来到这儿是第一次打开心扉，能说说心里话。一期项目结束时，多数老人脸上都有了久违的笑容。（编号：TSY1）

随后张总给我们看了很多照片，这些镜头记录下了天思对老人关爱日常及老人的欣喜与感动。

通过上述会员服务、项目制等行动，天思养老服务中心获取了一部分收益。然而，要实现整个机构自负盈亏，目前仍然有很大压力。

> 我们所提供服务大多数是公益性的。比如失独老人服务关爱项目，卫计委为每位老人支付300元服务费用，而我们所做的远超这个费用。（编号：TSY2）

为了使机构能够持续发展下去，天思也在积极进行上下游联结，以期通过产业链方式，在产业其他环节能实现营利，从而来补偿这一环节的亏损。

> 当前我们积极拓展的项目有：老人健康管理服务；旅游养老；养老机构咨询；养老服务人员培训等。（编号：TSY2）

（四）合作的优势

天思养老服务中心通过与社区服务中心、绿源街道办事处、济南市卫计委等合作，为相关项目覆盖老人提供专业化服务。此案例福利供给达成最主要表现在于：一是福利供给主体网络结构生成。以天思养老服务中心为平台，聚合了多个福利供给主体，且主体间形成了扁平化的网络结构。

> 以我们中心为核心，围绕它聚合成一张网，政府不同部门的、企业的、社会的，这些资源都成为我们为养老服务的支撑。（编号：TSY1）

二是公私合作伙伴关系的建立。

> 我们的优势是专业化服务。政府的优势是有钱。我们中心倡导"宝贝文化"，对老人要像对待小宝贝那样，老人来我们中心，我们都会给他/她拥抱。（编号：TSY1）

当前这种服务购买者与生产者分离的方式，确实体现出不同主体优势互补。另外，中心所有合作都是通过之前合同来约定，在合作中，多方主体间地位是平等的，构建起的是合作伙伴关系。

（五）存在的问题

不可否认的是，政府与市场的合作仍然是在以权威为基础的官僚制管理模式的制度环境下进行的，无论是依据职务权威还是组织权威对合作进行协调，合作行动仍然呈现出对权威的高度依赖。随着社会问题复杂性的增加，官僚制不断暴露出反应迟钝、灵活性不足等缺陷。在公私合作当中明显表现为政府补贴不到位。对于这个问题，天思负责人曾多次找过民政部门领导，可最后仍然是没有结果。这让其对政府服务有了很大不满。

> 我们从云南跑过来，为了给当地老人做点事，而政府部门却这么不支持，活也干了，就是钱下不来。（编号：TSY1）

另一个问题就是中心亏损。对于机构运营方面，之前双方心里都很明白，养老服务业是个很难营利的行业。

> 之前我们有过沟通，甚至在他们困难时，我们社区服务中心把水电费都给他承担过来。可后来发现，他们太缺乏运营经验，不会用人，也不太会与外部相关者沟通。后来运营越来越糟糕。（编号：TSS1）

二 政府与社会组织公私合作供给：以善德养老院为例

善德养老院是山东省公办养老机构实施公建民营的典范，入选发改委遴选的 2017 年养老服务业发展典型案例名单。2013 年国务院发布《关于加快发展养老服务业的意见》提到"开展公办养老机构改制试点"；2014 年民政部下发《关于开展公办养老机构改革试点工作的通知》则指出新建公办养老机构应通过公建民营方式，调动社会力量运营。在这种背景下，济南市民政局和养老服务中心在参观考察多地相关经验基础上，确定下委托运营这一模式。当前，公建民营已成为新增公办养老机构改革发展的主要模式。为此，考虑到这一典型性，我们选取济南善德养老院作为本研究案例单位。在这一项目中，我们采访了三位养老院人员，分别是养老服务中心张主任、尚助理及善德养老院王院长，对他们分别进行了两个半小时结构化访谈，并对访谈进行了录音及笔记记录。

（一）合作的背景

中华人民共和国成立以来，对于城乡特殊困难的老年人供养，我国一直采取的是以政府为主体的公办养老机构来进行，具体体现为城市老人福利院及农村敬老院。20世纪80年代后，公办养老机构开始进行改革，改革的初衷是提高机构效率。之后，实践中对改革的可能形式进行了探索，有的地区试点搞承包制，后来随着社会福利社会化提出，公办养老机构社会化成为出路。然而，究竟如何社会化？如何调动社会力量参与？经过多年探索，《社会养老服务体系建设规划（2011—2015年）》明确提出鼓励养老机构公建民营改革，2014年民政部开展公办养老机构改革试点工作，要求增量公办养老机构，鼓励公办民营，引入社会组织或企业运营。对养老机构增量领域，即新建公办养老机构，应当逐步通过公建民营方式，来引导社会力量参与。济南善德养老院的促成与国家这一政策紧密相关。

善德养老院是山东济南养老服务中心（以下简称"养老服务中心"）旗下的一期项目。它是养老服务中心与山东大学第二附属医院（以下简称"山大二院"）合作的一家综合性、示范性医养结合养老服务机构。养老院采取公建民营的模式，养老服务中心将济南市政府建好的设施委托给山大二院运营，实现所有权与经营权分离。在这一委托运营模式中，甲方为山东养老服务中心，作为委托方，负责提供硬件条件并保证各项救助、福利政策到位，承担协调、监督、服务、培训、交流的核心职能；乙方运营方为山大二院，它专门成立民办非企业机构济南善德养老院负责中心的日常运营，并成立一家老年病专科医院为入住老人提供医疗服务，并辐射带动其他养老机构。其设计床位约800张，主要为失智失能、半自理和不能自理老年人群服务，具体服务由山大二院管理运营。

(二)合作对象的选择

养老服务中心张主任谈道：

> 这一项目发展之初并不是这么设想的。2009年年初，济南市委、市政府提出要建一家大型、综合型公办养老服务机构的初步意向，还专门成立我们中心负责建设、管理。但到了2013、2014年，国家政策导向出来了，政府自己做这个项目已经不可能。当时我们对政策做了反复研究，决定根据国家政策导向，采取公建民营，找一家非政府主体来运营。(编号：SDF1)

可见，政府政策是地方实践发展的风向标，在国务院、民政部对公办养老机构改革明确后，济南市政府及职能部门很快根据新的政策做出了调整。

根据国家政策，新建公办养老机构应摒弃政府过去包办包管，实施公建民营方式。而公建民营具体如何实现？关于这个问题，养老服务中心张主任感触太多：

> 2013年国家政策明确后，我们就定下了公建民营路子。但怎么个公建民营法，当时大家心里都没底。对此，中心工作人员多次到省内外公办、民营养老机构进行参观学习，还去请教养老领域专家学者，确定下走委托运营路子。那么委托给谁还是个问题，包括后期招投标，这也是一次挑战，因为以前没有碰上过这种情况。这过程中好多问题都是从前没遇到过的，各级领导都给予了很大支持，我们才能放手去干，去摸索。我们中心在这个时期做了大量工作。(编号：SDF1)

这一案例中政府推动仍是项目能够达成的一个主要因素。并且考虑到这一养老设施的规模及影响，省、市级政府都非常重视，在运营模式上给了太大支持。

2013年，养老服务中心决定实行委托运营模式后，多家机构前来接洽及询问。

当时很多机构都有这个意向，其中不乏实力雄厚的企业。医养结合我们有这个条件，专业性强，同时山大二院本身也是公益性机构，公益性功能发挥更靠谱一些。（编号：SDY1）

（三）合作过程

最终养老服务中心一期项目采用了委托运营模式。养老服务中心为甲方，代表政府承担委托方职责，提供土地及房屋的使用；山大二院为被委托方，负责整个设备及服务的提供。谈到双方具体合作时，养老服务中心张主任给出了较为详尽的说明，一期项目共建有两座连体介护楼、一座介助楼和一座综合办公楼，这些硬件设施都是由政府承担成本。山大二院进来后，成立专门非营利性机构"济南善德养老院"，负责整个养护设备及服务的提供。我们作为委托方，承担着协调、交流、服务、监督职责。简单说就是，政府出地建楼，山大二院负责运营。由此，济南善德养老院在政府与山大二院共同合作下，成为济南市一家大型医养结合式养老服务机构。

在养老院实际运营中，为了实现双方协商、交流、共事、监督等，善德养老院设置了一系列例行性互动平台，主要有理事会、监事会和老人入住评估小组。养老服务中心张主任重点围绕老人入住评估小组对我们进行了双方如何互动、监督的解释：

所有老人入住民政局都要签字的，这样确保了老人合法权益。这些工作主要是通过老人入住评估小组来实现。小组原则上有五人组成，养老院医师一名，负责评估老人身体状况；护工一名；养老服务中心工作人员一名，全程参与评估；养老院社工师一名；负责老人餐饮的后勤人员一名。每一位入住老人都由这五人小组评估、建档案、签字。从而来保证对每一位老人服务的质量。而一些大的事项，我们会通过理事会、监事会来形成协议，这里面有双方主要领导者参与。（编号：SDF1）

在双方互动中，养老服务中心发挥着非常重要作用。养老服务中心是济南市民政局的一个派出机构，承担着善德养老院与政府之间的沟通及协调，甚至代表政府行使着部分职能。养老服务中心在善德养老院设有常设机构及专门工作人员，除了负责整个中心包括二期项目的工作外，对一期善德养老院主要承担协调、监督、服务、交流的职能。

> 我们最主要任务就是做好服务、沟通及监管，最近正在忙工程的事，一期项目还有部分工程没有完工，这给养老院运营带来很大不便。所以目前最要紧的工作就是督促工程尽早完工，交付养老院使用。平常做得最多的是监管，严格按照三个确保，对养老院实施全方位监管。（编号：SDF2）

（四）合作的优势

通过公建民营、委托运营的模式，善德养老院实现了政府与民间资本的合作及共同治理。当被问及双方的关系时，两方给出了几乎一致回答：

> 我们非常认可委托运营，和政府间可以实现优势互补。当前养老机构用地难，政府出地建楼，我们做我们最擅长的提供医养结合服务，这种合作形式非常好。（编号：SDY1）

在这一案例中，政府及社会组织确实是优势互补，两者通过公开招投标建构起平等的合作关系，双方的责权利通过合同已事先约定好。在运营中，两者更像是合作伙伴，地位是平等的，两者间的互动最主要途径是协商，基本不存在政府指令性的要求。

（五）存在的问题

1. 不同组织对合作目标认知的差异。本案例中通过公建民营的形式，政府出资建设，委托给民非机构管理运营。双方共同目标是建设一个示范性医养结合养老机构。养老服务中心作为政府部门代表，他们期望通过这种方式实现政府投入资源最大化，尽最大可能为受益老年人提供高质量服务。养老服务中心张主任：

> 我们的宗旨就是全心全意为老年人服务，把这儿建成公建民营示范基地，建成城市养老服务基地。（编号：SDF1）

济南善德养老院王院长也表达相似看法：

> 我们主要面向的是失智失能、半自理和不能自理老年人群，我们要发挥我们优势，为他们提供优质服务，满足他们医疗、照料需求，把我们的牌子打出去。（编号：SDY1）

由这种表述可看出，双方虽然在大目标上具有一致性，但深入体会又会发现两者追求的东西又确实有着很大差异。尤其是对于山大二院，它们承接这个项目很大程度上考虑到的是养老服务产业发展前景。这种差异会影响到现实中双方在一些问题上的态度。比如在参观养老院区时，我们发现养老院入住率不高。当被问及这个问题时，养老服务中心张主任说：

> 入住率不高我们也很着急，现实中有那么多老人有这种需求。然而二院那边有它总体的规划，再说他们养老这方面盈利的压力也不够大，或说盈不盈利对它影响没有那么大，也不着急采取措施提高入住率。（编号：SDF1）

2. 政府承担职能模糊。我国公办养老机构公建民营模式还处在实施初期阶段。在这一模式中，政府应该发挥何种职能、又该如何发挥这一职能，当前法规还没有给出具体规定。养老服务中心尚助理：

> 我们发挥的主要作用就是三个确保，基于这三个确保，对二院行为进行监督。（编号：SDF2）

当问及面对低入住率，养老服务中心有没有采取措施与对方交涉过，尚助理说：

> 我们也着急，但是这个事情不是我们能决定的，他们需要和政府协调什么的我们会给他们提供帮助，但是入住率不高我们没法去主导这个问题，或者说我们只能给他们建议。（编号：SDF2）

他们反复强调山大二院是自负盈亏的独立主体。一旦涉及到运营，政府的职能好像就只能是监管。这样的政府定位很难体现出养老服务准公共产品的特性，也使得政府在现实合作中缩手缩脚，在本应发挥职能的领域选择放弃。

3. 养老机构性质界定不明：公益性与营利性如何平衡。公建民营是我国公办机构养老发展的一个新取向。这一改革思路的明确，有助于提高公办养老机构的效率，也能撬动更多社会资源投入养老服务事业。政府与民间资本的合作是公建民营重要特征，由此公建民营养老机构也应该在公益性与营利性间寻求平衡。但如何寻求这种平衡，目前还是个难题。当前只有部分地区出台了公办养老机构改革意见，在这些相关文件中，很多地区规定了公建民营承租方只能为民办非企业单位。比如《北京市养老机构公建民营实施办法》规定，实行公建民营的养老机构不得登记为营利性法人，这也使得在正式运营前，运营方都会申办非营利性法人资质。但实际上很多运营方并不是非营利性社会组织。这种情形下，如何平衡公益性与营利性确实是一个难题。山东省民政厅只在2016年发布了《关于推进公办养老机构改革的指导意见》的征求意见稿。虽然后来正式文件一直没出台，但在这种政策导向下，公建民营运营方大多也都登记为民办非企业单位。但现实中，如何寻求这种平衡还没有很好的做法。养老服务中心张主任：

> 山大二院本身就是一个事业单位，就不是营利性组织。后来根据政策要求，他们还是专门成立了民办非企业机构善德养老院。（编号：SDF1）

当被问及善德养老院如何体现出公益性时，王院长提到：

> 我们就是尽可能提供质优价廉的服务，我们所面对对象养老成本是很高的，但考虑到政府土地、房屋的支持，我们的定价要比一般民营机构低得多。（编号：SDY1）

三 我国老年福利供给公私合作伙伴关系评析

（一）政府作为当前福利资源最主要支配者，理应是养老服务的主要责任主体。但现实中政府支配和控制太多，容易导致合作中多元主体关系的不对等。比如在社会养老服务多元主体培育上，面对现实中社会组织规模有限，政府可能会采取一些措施干预，实践中某些地方的社会组织可能就是政府为了完成任务临时组建的行政化色彩浓厚的民非组织[1]，而有的地方政府也会劝说一些企业举办民办非企业单位[2]。这种情况下政府过多的干预可能使其他主体在合作中处于自主性缺失的地位，难以实现与政府的地位对等。

（二）当前社会养老服务供需信息在服务主体之间的严重不对称，信息被分散在各个主体手中，无法在不同主体间顺畅的流动和共享，并在实践中造成我国养老服务供需的不匹配：各主体提供的服务资源和项目不是老年人真正所需，老年人真实需要得不到及时有效的满足[3]。这一问题也是当前我国社会养老实践中普遍面临的难题。由此，多元主体合作网络还处于发展初级阶段，网络的不成熟也影响到福利主体间合作伙伴关系的构建。同时，各级政府在政府政绩及上级政府任务压力下，对其资源所投入领域进行选择。本次调研的济南养老服务中心就来自于政府推动，其项目的生成与非政府主体及社会成员诉求没有任何直接关系。再就是在承接主体或说合作方选择上，政府仍是最主要决定主体。政府购买服务实践中，政府仍是最主要决定主体。

本研究访谈结果显示，济南市在推行养老服务公私合作过程、实务过程中，无论是公建民营、民办公助还是政府购买服务，都印证了"政府借由广泛地支持帮助企业、社会组织，可以实现政府的目的"。正如萨拉蒙所指出的，"政府行动有不同但有限的政策工具可供选择，而政策工具的选择决定特定的参与者，故政府释出的诱因与价值，会影响政策的产出"[4]。因此，政府与市场、社会组织的合作，无论以何种方式进行，皆

---

[1] 李凤琴：《中国城市社区公共服务研究述评》，《城市发展研究》2011年第10期。
[2] 刘新萍：《论城市居家养老服务多元合作体系的建设及发展》，《甘肃行政学院学报》2009年第4期。
[3] 李志明：《中国养老服务"供给侧"改革思路——构建"立足社区，服务居家"的综合养老服务体系》，《学术研究》2016年第7期。
[4] Salamon, L. M. & H. K. Anheier. *The Emerging Nonprofit Sector: An Overview*. Manchester: Manchester University Press, 1996.

代表政府不直接传递服务给老年人,而是透过第三方组织来传递。但一旦政府释放出资源,自然地会对企业、社会组织的营运有关切与介入的着力点,而得到政府资源补助的第三方,其自主性在某种程度上会受到影响。公私部门之间并不是对等的伙伴关系,因此,政府与市场、社会组织的互动关系,若要由自上而下的监督关系转为更紧密合作、互相依赖的平等关系,还有许多要考虑的因素。

第三节 老年福利供给中制约公私合作的影响因素

面对严峻的老龄化及规模巨大、更为复杂化的养老服务需求,社会养老服务领域展开了一场福利治理的变革,政府、市场、社会组织合作供给成为现实发展的选择。但从案例当中,可以看出还存在一些影响发展的"不和谐"因素。

一 社会观念环境的影响

当前,老年人的养老观念已经发生了很大的变化,越来越多的老年人愿意到养老机构中安度晚年。但是,仍受到一些传统观念的影响。第一,大多数老年人更愿意依靠传统的养老以及社区内低偿或无偿的服务。受传统观念的影响,他们认为,养老就是简单地照顾老年人的饮食起居。老年人为了多留一些遗产给子女,不愿或者不舍得在自己身上消费。第二,养老服务行业在中国还是一个新兴行业。其特点是投入大、见效慢、回报低,市场供给能动性严重缺乏,出现了"叫好不叫座"的状况。同时,从事养老服务行业的人员,并没有得到社会充足的尊重和认可,使得一些劳动者不愿意投身养老服务业。

二 政策执行偏离预定目标

所有组织间的行动及互动都要受到政策的约束及规制,政策为组织行动提供合法性。最近几年我国密集出台一系列社会养老服务相关政策,为社会养老服务发展提供指导及支持。然而现实中也表现出落实难及政策频繁变动等问题。

一是相关政策落实难。当前在地方层面大多给予社区居家养老服务支持的倾斜，对其给予各项支持及优惠性措施。可相关支持政策在落实时却经常面临各种掣肘。

> 服务中心刚开始运营时，按政策我们要享受20万启动资金，为了这笔资金我们跑了好多次政府部门，最后还是主任找了相关部门领导才落实下来。（编号：TSY1）

二是政策变动频繁。我国社会养老服务发展仍处于初期阶段，在政策层面还不够全面及科学，很多政策出台是基于现实中暴露出的问题。这样制定政策思路在新事物发展阶段有它的优势，但也会带来政策的频繁变动问题。还是以天思国际养老服务中心为例：

> 政策说变就变给我们带来很大的不便。2015年我们拿出6、7楼装修，打算用于全日制照护服务，等我们装修马上结束时，新的政策出来了，要求这种旧式楼房二楼以上不准用于老年人照料。当时我们已经装修完毕。（编号：TSY1）

三　不同主体的职责边界模糊

我国公办养老机构公建民营模式还处在实施初期阶段。在这一模式中，政府应该发挥何种职能，又该如何发挥这一职能，当前法规还没有给出具体规定。《民政部关于开展公办养老机构改革试点工作的通知》中提出，在公办养老机构改革中，政府要在养老服务业中履行"保基本、兜底线"功能，这样的政府定位很难体现出养老服务准公共产品的特性，也使得政府在现实合作中缩手缩脚，在本应发挥职能领域选择放弃。

工业社会以来，政府是借助于官僚制组织去开展社会治理的。然而随着社会治理复杂性增加，官僚制组织不断暴露出其反应迟钝、灵活性不足等问题。政府作为老年福利供给中最为核心的主体，其暴露出的这些问题对多元主体合作带来很大负面效果。在访谈中，张总多次提到运营补贴至今不到位的问题：

> 我们事情已经做了，也符合政策要求，可是两年来从没给我们补

贴，后来到处打听，才知道问题出在区级民政部门，说我们挂靠部门既不是民政局也不是街道办，所以补贴不能给。我们挂靠的是民政部门下属的事业单位，我们做的事也是他们要求的，可他们说文件就是这么说的。我们一点办法都没有。（编号：TSY1）

面对这种情境，社会组织管理者显得很无奈。

四　公私双方并未建立起平等的伙伴关系

在老年福利公私合作供给中，公私双方应建立平等协商的合作伙伴关系，但是在合作的过程中，市场、社会组织缺乏足够的能力能够与提供者处于平等的协商地位。社会组织缺乏足够的社会资源，资本募集能力不足。市场在同政府合作过程中缺乏足够的话语权。这在一定程度上削减了社会组织、市场参与养老服务的积极性和能动性。在社会组织、市场行动能力较弱的情况下，合作供给必然成为单向度的合作行为。

本章小结

本章主要讨论了政府、市场、社会组织、家庭作为老年福利供给的主体，各自的功能及限度，以及政府与市场、政府与社会组织公私合作供给的现状和问题。

政府、市场、社会组织、家庭作为老年福利供给的主体，无论哪一个主体都不可能单独满足老年人所需的福利，不同主体之间相互配合，才能有效地满足老年人的需求。

通过对实践中政府与市场、政府与社会组织合作的典型案例，通过分析得知，目前我国老年福利供给主体之间的良性伙伴关系并未建立起来。济南市在推行养老服务公私合作过程实务过程中，无论是公建民营、民办公助还是政府购买服务，都印证了"政府借由广泛地支持帮助企业、社会组织，可以实现政府的目的"。因此，政府与市场、社会组织的合作，无论以何种方式进行，皆代表政府不直接传递服务给老年人，而是透过第三方组织来传递。但一旦政府释放出资源，自然地会对企业、社会组织的营运有关切与介入的着力点，而得到政府资源补助的第三方，其自主性在某种程度上会受到影响。因此，政府与市场、社会组织的互动关系若要由自上而下的监督关系转为更紧密合作、互相依赖的平等关系，还有相当长的一个过程。

第六章　我国老年福利供给的整体性治理

老年福利供给的碎片化，迫切要求政府进行变革以提高服务的品质和回应性。当行政区域无法承载当前社会变革的需求，部门与部门间协调困难，供给主体之间合作存在困境，传统的公共行政管理理论以及新公共管理理论又对这些棘手性问题难以很好地解决，便需要进一步寻找制度创新和理论依托。而整体性治理就是要解决政府间关系的协调以及主体间的合作问题。因此，整体性治理为解决老年福利供给碎片化问题提供了方案。笔者认为，要实现老年福利供给的整体性治理，必须做到从价值追求到实践操作的内在一致性。

第一节　我国老年福利供给的价值追求

整体性治理的中心理念就是更有效地处理公众关心的民生问题，让政府的职能回归公共服务，以解决人民的生活问题作为政府运作的根本。而解决这一根本性问题，不仅需要政府各职能部门自身的努力，更有赖于其他供给主体的努力。新公共管理者所追求的价值中立并不适合我国老年福利供给的实际，"政府有必要对那些真正需要和应享受救济的人给予帮助"[1]，缓和社会主要矛盾，维护社会的公平正义。在老年福利中，互助共济、保障公平是福利供给追求的固有特性、目标、本质和核心；而效率是老年福利供给正常运转的保证，同样对福利供给的效果产生重要的影响。西方福利发展的历史表明，公平优先和效率优先都会引发各种问题，所以老年福利供给的整体性治理，应从兼顾公平与效率的角度来考虑更符

---

[1]　毛寿龙等：《西方政府的治道变革》，中国人民大学出版社1998年版，第73页。

合实际。

一 致力于老年福利的公平供给

传统上人们对公平的讨论主要是在道德领域展开的。庇古是最早在学术领域运用公平这一概念的研究者,他从经济学中"效用"得到启示,认为公平的核心就是资源的分配。罗尔斯进一步指出公平应遵循的原则:平等原则和差序原则。平等原则主要是指社会成员不管其占有资源如何,均应该公平地享有基本权利;差序原则主要是指在社会中处于不利地位的人群,无论政府做何种调整,都应当能够最大程度地改善他们的生存状况。在现代社会背景下,公平已成为调整与规范人们基本价值观念、社会行为及人际关系的基本准则。尤其是保证社会成员晚年生活的福利制度安排,更应该把公平放在首位。老年福利供给的整体性治理,要按照老年人群的福利需求状况对福利管理体制及政策进行改革,使福利资源能够在更大地域范围及空间结构内进行合理分配与调整,体现对全体老年人保障和全程保障的性质,即实现"权利公平、机会公平、规则公平"[1],"让社会变得更加公平正义、让人民生活得更加美好"[2],达到结果公平。

权利公平:权利公平也就是法律基本权利的平等,即前面已提到的"法律面前人人平等",也就是博登海默所说的"人类基本需要的平等"[3],仅限于涉及人的基本权利的分配公平,如生命权、自由权、财产权等,权利公平体现的是社会对活动于其中所有社会成员的"不偏袒性"和"非歧视性",使他们在平等的起点上融入社会。我国1982年《宪法》第45条规定,我国公民在以下特殊情况下,包括年老、丧失劳动能力和身患疾病时,拥有获取国家和社会物质帮助的权利。这一权利具体对应的是相关的社会救助、社会保险和医疗卫生服务。2011年试行的《中华人民共和国社会保险法》再次强调和确认了公民享有基本养老保险的权利。尽管在法律层面,我国从不缺失对公民平等享受国家提供的基本福利的权

---

[1] 胡锦涛:《坚定不移沿着中国特色社会主义道路前进 为全面建成小康社会而奋斗》,人民出版社2012年版。

[2] 习近平:《2014年新年贺词》,《人民日报》2014年1月1日。

[3] [美] E. 博登海默:《法理学——法律哲学与法律方法》,中国政法大学出版社1999年版,第285页。

利的规定和承认，但是由于长期以来在老年福利制度建设过程中存在差别对待的价值取向，老年人主体平等的理念并未真正建立起来，这直接导致在实践中老年福利权利在相当一部分人群中难以实现，区域差异明显，权利不公平的现象极为严重。

因此，我国老年福利供给的整体性治理就是要关注老年人的基本需求，在涉及老年福利权利的领域，政府制定者一定要保证全体人民在法律权利上的平等，制订的老年福利政策遵循正确的价值理念。

机会公平：机会公平是从价值目标层面对社会公平作出的规范性要求，主要是指全体社会成员的生存与发展都能获得可能性资源，机会对全社会开放。在老年福利供给中，机会公平是指任何社会成员不会因身份、地位、性别、职业、收入以及种族等而被排斥在制度之外[1]，它是实现福利供给权利公平的必要条件，也是福利供给的本质要求。机会公平意味着政府的政策更多关照社会中的弱者，使他们有更多的机会参与到福利资源的分配中来。另外，机会公平也意味着资源配置效率的提高。因为如果机会均等，将有助于更多的人到社会资源的分配中来，提高资源的利用效率，避免社会矛盾激化。

规则公平：规则公平主要是指相同的行为规范和规则对全社会成员共同适用，全体人民在受制度约束的程度和具体规定都是一致的。规则公平要求国家在制定规则的过程中，一定要秉持平等的原则，这是确保全体成员公平参与社会进程的基本保障。规则是一种制度化的安排，它保证全体成员享有基本的权利，所有社会成员都应公平地遵守其规则。这就意味着，没有规则，权利就容易受到侵害。明确的规则不仅具有将权利限定在一定范围内的作用，同时也能有效地限制侵权行为的发生。所以说明确的规则也是引导社会成员做出正确的行动。好的规则能有效地阻止坏人做坏事，而不好的规则不仅不能有效地阻止坏人做坏事，还有可能阻碍好人做好事，甚至会出现好人被逼做坏事的情况[2]。

结果公平：结果公平是衡量以上各种公平能否有效贯彻执行的关键指

---

[1] 刘蕾：《城乡社会养老保险均等化研究》，经济科学出版社2010年版；汪泽英、曾湘泉：《我国基本养老保险制度的公平问题探析》，《中州学刊》2004年第6期。

[2] 《邓小平文选》（第2卷），人民出版社1994年版，第333页。

标。它是公平的最高层次，也是社会公平的根本内涵。维护不同群体的合理利益是其主要内容，而对不同群体的利益关系进行协调则是其重要的保障措施。

二 提升老年福利的供给效率

效率与公平紧密联系在一起，而且往往是比公平更频繁出现的概念。在老年福利供给中，效率是指有限的福利资源投入能满足更多老年人对物质和服务的需求。这其实就是帕累托效率的概念。而帕累托的最优状态是社会福利资源达到最优的配置状态，如果想再多为一个人提供福利，就必须取消一个已经享有福利的资格。用学术术语描述，帕累托的最优状态是指福利资源的配置正处在一个产出与生产可能性边界相重合的位置上，这样既不会出现资源配置总量超过了社会的总需求的情况，同时也不会出现为了满足社会需求，福利资源过载供给的现象。作为老年福利衡量的标准，帕累托最优在改善一部分老年人生活状况时并未引起另一部分境遇的下降，此时就达到了老年福利资源分配的帕累托最优状态，老年福利资源配置达到均衡。

三 实现老年福利供给公平与效率的统一

对于公平与效率的关系，理论界主要有以下三种观点：公平优先论、效率优先论、兼顾公平与效率论。公平优先论认为公平优于效率，是一种至高无上的美德，所有社会成员都应该获得按需分配的公平，这种公平具有道义上的合理性[1]。效率优先论的观点以弗里德曼为代表，他认为社会中存在的各种贫富不均问题及养懒汉现象是政府过度干预的结果，其根源在缺乏有效率的制度安排。兼顾公平与效率论主张公平与效率同样重要，要在公平与效率间找到平衡，促进二者共同发展。公平、效率都与老年福利供给密切相关。

当前，我国老年福利供给的制度安排中，地区之间、部门之间以及不同就业形式人员之间的养老待遇差异加大、制度不统一，常常引起争议；

---

[1] ［美］罗纳德·德沃金：《至上的美德》，冯克利译，江苏人民出版社2003年版，第68—69页。

虽然目前已经建立养老保险区域间转移接续办法，但制度设计不尽合理且执行中困难重重；医疗保险方面，城镇职工基本医疗保险、城镇居民基本医疗保险和新型农村合作医疗保险分别覆盖不同人群，待遇与缴费办法不一致。分而治之的碎片化实施方案割裂了整个制度安排的有序衔接，加大了管理成本，造成了公平和效率的低下。老年福利供给整体性治理的过程中，应充分考虑老年人的个体异质性和差异化需求，提供满足不同老年人需求的制度和服务保障，保障老年人公平地享有老年福利的机会；同时更要从劳动生产率增长和社会财富增长上寻找突破口，把"蛋糕"做大，不断夯实老年福利供给的效率基础。这就要求在老年福利整体性治理过程中协调好公平与效率的关系，在追求公平的过程中促进效率的实现，以及在实现效率的过程中保证公平的最大值，"将在公平中注入合理性和在效率中注入道义性作为养老改革的行动指南"[①]。

第二节 我国老年福利供给整体性治理的目标

规划政策的目的在于，改变当下社会中一些不良行为和不利的社会情境，从而更好地实现政策的价值……所以要将目标最大程度地表述为价值的概念，而只有目标是一个相对的、具有最终意义的目标，才可以用价值来进行表述。因为如果目标只是一个阶段性目标，"即使那种目标对最终价值的实现来说已不再合适，但可能会不恰当地持久生效。"[②] 因此，我们国家老年福利供给的战略目标即为构建普惠型的老年福利供给体系。

补缺型社会福利和制度型社会福利是1958年威伦斯基和勒博在《工业社会与社会福利》中提出的。补缺型社会福利主张依靠家庭和市场来满足自己的福利需求，国家和政府在提供福利方面起到辅助性作用，只有在家庭和市场失灵时才承担责任；制度型社会福利强调国家和政府对社会成员承担的福利责任。与此同时，蒂特马斯强调普惠型社会福利是面向全民的福利政策，享受全面的福利保障，是全体公民的一项基本权利[③]。

---

① 曲秀芳：《论公平与效率的关系》，吉林大学硕士论文，2006年，第17—18页。
② [美]西蒙：《管理行为》，杨砾等译，北京经济学院出版社1988年版，第250页。
③ Marshall, T. H. *Citizenship and Social Class*. University of Minnesota Press, 1950.

当前，我国福利改革究竟是补缺还是普惠？这涉及到未来我国福利发展的重大战略问题，目前学界并无统一定论。主张补缺型福利供给者认为，我国人口众多，社会经济和财政能力有限，社会均质性差，只能建立一种底线公平的补缺型社会福利供给模式；主张普惠型福利供给者认为，我国经济发展已经进入了新的阶段，再以改革之初的国情延缓福利体系建设已不合时宜。具体到老年福利领域，人人老有所养，全体老年人享有充足的物质与服务保障，是政府的一项基本职能，也是每个老年人具有的基本权利。因此，我国老年福利供给整体性治理的目标定位应着力于建设普惠型老年福利供给体系。普惠型老年福利供给体系的基本特征为：

一 福利供给对象的全民性

老年福利供给对象的全民性是指面向全体老年人提供福利支持。老年人由于生理、心理和社会经济地位方面的特征，其独立性逐渐减弱，而依赖性开始增强。在具体福利待遇支付上，世界各国的通常做法是规定退休年龄，如下表所示。可以看出，大多数国家退休年龄在55—65岁之间，退休年龄最高为67岁，最低为50岁，相差17岁，发达国家的退休年龄普遍高于发展中国家的退休年龄。

表6—1　　　　　　　　世界各国正常退休年龄情况

国别（数）	男性退休年龄（岁）	女性退休年龄（岁）
丹麦、挪威、冰岛3国	67	67
美国、加拿大、芬兰等3国	65	65
法国、韩国、埃及等28国	60	60
几内亚、印度、尼日利亚等4国	55	55
科威特、所罗门群岛等4国	50	50
中国、阿根廷等25国	60	55
约旦1国	60	65
（前）捷克斯洛伐克1国	60	63
加纳1国	55	60

资料来源：根据"Social Security Programs Throughout the World—2002"和"Social Security Programs Throughout the World—2004"整理而成。

老年福利供给对象的全民性就意味着：其一，符合国家规定条件的全体老年人都享有老年福利权利。我国《宪法》规定，中华人民共和国公民在年老时有从国家获得物质帮助的权利；《老年人权益保障法》也规定国家对全体老年人在物质保障、娱乐、服务保障等方面所履行的义务；其二，全体老年人都被纳入老年福利供给体系。只有老年福利制度覆盖到全体老年人，才能保证全体老年人切实享受到老年福利；其三，老年福利供给的公平性。养老待遇不因群体、地域、城乡而存在差异。

二 福利供给内容的全面性

供给安排往往基于需求。按照马斯洛的需求层次理论[1]，人的需求从低到高具有不同的等级，只有低层次的需求得到满足或实现，高层次的需求才会占据优势，从而成为新的驱动因素[2]。

老年福利供给也是基于老年福利需求提出的。在理解老人的需求时，一方面要满足其维持生存所需的基本条件；另一方面在强调满足老人物质生活需要的同时，切不可忽视对他们进行精神上的慰藉。申菲尔德（ShenField, B, E）从年金制度、医疗服务、住宅对策、收容保护以及居家老人的福利服务等方面对老人的需求进行了论述；凯浦朗（Kaplan. J.）认为老人生活上的需求包括：为了增进健康，延长生命的医疗和精神医学的服务；合适的住宅；退休后经济的安全；适合其劳动能力的工作机会；有创造性活动的机会。其中尤以经济与医疗保健为老人所不可或缺。在中国，政府大力倡导"老有所养、老有所依、老有所为、老有所学、老有所乐"的"五有"服务，这不仅包含了老人生存所需的基本条件，也包含了自我参与与发展的需要。学界将老年人的需求大致可以概括为经济需求、健康需求、生活照料需求、精神需求[3][4]。

---

[1] 马斯洛将人类的需求按照由下到上的等级依次划分为生理需求、安全需求、归属与爱的需求、尊重需求与自我实现的需求。

[2] See Maslow, A., 1943, *A Theory of Human Motivation*, *Psychological Review*, 50, pp. 370–396.

[3] 熊跃根：《需要、互惠和责任分担》，格致出版社、上海人民出版社2008年版，第12—14页。

[4] 陈银娥：《社会福利》，中国人民大学出版社2015年版，第124—125页。

三 老年福利供给方式的多样性

老年福利供给方式是福利供给主体为福利供给对象提供支持的方式、方法，主要解决"怎样提供福利"的问题。老年福利作为一种特殊的公共服务，不仅具有一般公共服务的性质——公共性，同时还具有自身的一些特性：较强的外部性；它不仅能够提供基本的福利，满足老年人的基本生活需求；还能满足弱势群体的特殊需求。因此，在福利供给过程中，单一主体力量无法做到充分可能，政府应该根据福利的内容以及供给主体自身的优势，确定合适的供给方式。具体的供给方式包括：政府供给、市场供给、社会组织供给、家庭供给以及政府与市场合作供给、政府与社会组织合作供给等。

第三节 我国老年福利供给整体性治理的路径选择

希克斯认为从政府组织架构来观察，层级治理、功能治理和公私伙伴关系构建三个层面是整体性治理问题分析的方向；Tom Ling 认为，最佳政府运作模型包括不同组织部门之间文化和哲学的整合；不同组织之间工作关系的建立；确立自上而下的激励和责任机制；完善自下而上的服务需求表述渠道[1]。借鉴上述学者提出的整体性治理实践模式，结合我国老年福利供给中的碎片化问题及具体表现，笔者认为，我国老年福利供给应从跨区域、跨部门、公私伙伴构建三个方面进行整合。

一 我国老年福利供给的跨区域整合

（一）提升统筹层次：基础养老金的全国统筹

老年福利供给的区域差异不仅损害了制度和市场竞争的公平，而且还导致不同区域社会保险基金收支余缺分化，危及制度的可持续发展[2]。老年福利供给区域差异解决的一个有力措施就在于基础养老金的全国统筹。我国基本养老保障实行社会统筹与个人账户相结合的制度模式，社会统筹

---

[1] 翁士洪：《整体性治理模式的组织创新》，《山东行政学院学报》2010年第2期。
[2] 郑功成：《深化中国养老保险制度改革顶层设计》，《教学与研究》2013年第12期。

养老金也就是基础养老金在理想状态下全体国民一律平等，因此，这部分养老金可以做到全国统筹。基本养老金的全国统筹意味着养老保险负担比较轻的地区将自己盈余的养老保险金调剂给养老保险负担比较重的地区，这是一个利益调整与再分配的过程。国家通过二次分配，将老年福利资源在发达地区和欠发达地区进行合理转移和分配，以最大限度地实现社会公平。同时，在强调公平的基础上，尽量体现市场效率。

当前老年福利供给中存在的很多问题都是统筹层次过低引起的。以2015年的情况为例，按照预算管理的标准，职工养老保险全国有28个省份实行了省级统筹。但是以统收统支的实质标准来看，大部分省份只是实现了省级调剂金制度的统筹，只有北京、上海、陕西等7个省（市）具有养老金的直接管理权限，实现了基础养老金筹集、管理和发放的省级统筹[1]。社会保险的权益和责任在统筹区域间博弈，对流入地和流出地都会产生影响，紧靠行政命令方式难以完全解决。建立全国统筹的养老保险制度才是问题解决的根本途径[2]，才能从根本上改变区域之间的博弈状态，基础养老金的便携和流动性才能从根本上得到提升。基础养老金的全国统筹可以从以下几个方面着手：

1. 逐步推进基础养老金的全国统筹

目前，全国统筹有两种方案：一种是基础养老金的统收统支，由当前的县市级统筹一步过渡到全国统筹；另一种是对省级调剂金制度进行改革，逐步推进，实行省级统筹，同时建立全国调剂金制度，中央根据各级统筹基金实施状况，划拨调剂金进行调节，然后过渡到全国统筹[3]。当前，我国基础养老金省级统筹还不完善，若一步到位推行全国统筹，必然会导致基金流出区的强烈反对，致使矛盾分歧越来越多、越来越乱。

因此，现阶段的首要任务是对养老金的省级统筹进行完善。在此基础上，建立基础养老金调剂制度，在全国范围内实行基础养老金的统收统支，减少全国统筹对部分基金流出区的不利影响；再建立养老金的全国垂

---

[1] 王晓慧：《养老保险全国统筹短板：仅七省市实现省级统筹》，《华夏时报》2015年4月22日。

[2] 张士斌：《日本社会养老保障制度变革对我国的启示》，《开放导报》2010年第2期。

[3] 齐海鹏、杨少庆、尹科辉：《我国基础养老金全国统筹障碍分析及方案设计》，《地方财政研究》2016年第11期。

直管理体制,明确划分各级政府职责,统一各地养老保险的业务规范;并建立全国性社会保障信息系统,实现全国养老保险人口与资金的信息共享。这样分步骤、分时机地逐步过渡,渐进式推进全国统筹。

2. 制定养老保险全国统筹的计划方案

按照党的十九大报告的要求,养老保险要尽快实行全国统筹。养老保险的全国统筹就意味着各省市按照一定比例上交部分基础养老金,由中央进行统一调拨和规划。基础养老金的全国统筹有两种方案:一是把收缴到的全部养老金上交中央政府,中央根据地方实际支出进行拨付,从而实现统收统支。实现基础养老金的统收统支是中央重要的一项事权,也是我国养老保险全国统筹的最终目标;二是实行省级调剂金制度,这是一种过渡性措施,有助于降低地区风险,平衡不同地区之间的压力,为养老保险的全国统筹奠定基础。

(二) 加强管理体制建设

1. 从横向上来看,我国基本养老保险采取社会统筹和个人账户结合的方式

统账结合模式创立的初衷在于结合"现收现付制"和"基金积累制"的优点,既体现效率又体现公平。但在实际的运行中,我国基本养老保险基金长期以来都是由地方社会保险经办机构以管理者和经营者的双重身份负责统一管理和投资运营,没有专业的部门对养老基金的投资实施有效的管理和调查,缺乏专业人员分析政策变化和有关养老保险制度决策的影响,也缺乏具备专业投资知识的人员进行有效运作。事实上,社会统筹账户和个人账户具有不同的功能定位,分属于不同的组织管理系统,"基础养老金和个人账户养老金如果不分开,养老保险全国统筹根本不可能实现。如果二者分开管理,养老保险全国统筹则容易得多。"[1]。

2. 从纵向上来看,构建集中垂直管理架构,增强自上而下的监督管理权

垂直管理和属地管理是目前我国两种基本的行政管理模式。对我国的基本养老保险而言,到目前为止,大多数省份实行属地管理模式,经办机

---

[1] 张丽:《完善基本养老保险制度无须另起炉灶——访国家发改委就业和分配收入司司长孔泾源》,《中国社会保障》2005年第7期。

构领导由地方政府任命，难以形成对基金管理的有效制约和监督，养老保险基金存在挪用、挤占、浪费等现象；在这样的管理模式之下，保险金在实际的操作过程中变成了地方政府一部分的财政收入，个别的政府机构和企业行业只从本部门的利益出发，并没有将当期的结余基金调出来，从而导致了各地域之间基金盈缺并存情况的出现①。可以看出，建立垂直管理体制是实行养老保险全国统筹的必然要求。养老保险省级垂直管理的核心是"管人、管钱和管事"三合一②。这种模式意味着养老保险经办机构脱离属地政府管理，由上级主管部门直接统一管理"人、财、物、事"。这种垂直管理体制有利于保持地方政府社会保障机构与地方政府的独立性，改变政出多门、责任不清等问题，缓解地域之间养老保险基金的结构性矛盾。因此，建立养老保险的全国统筹，必须打破目前的属地化管理格局，建立纵向的养老保险经办管理机构。

3. 中央政府与地方政府合理分权

（1）中央政府与地方政府要合理分权

老年福利供给过程中，除了政府、市场、社会组织等供给主体要合理分权外，中央政府与地方政府也要合理分权，地方政府可以提高制度实施的效率和效果。

地方政府通常比大的集权单位更了解本区域的实际情况，可以根据本地的实际对中央政策的规定进行适当微调。同时，地方政府可以通过健全相关的制度来保证养老基金安全有效地运行，地方分权具有较高的效率。但同时，地方分权的缺陷也不可忽视：其一，地方分权往往容易使社会经济生活陷入"公用地灾难"③；其二，破坏法律的尊严，损害合法权益。

在老年福利供给中，中央政府负责供给全国性的福利，主要指那些收益涉及全国公民、并为全国公民享有的纯公共服务，或者涉及国家整体利益和需要国家统一管理的公共服务，由中央政府负责直接提供、管理和承

---

① 郑功成：《实现全国统筹是基本养老保险制度刻不容缓的既定目标》，《理论前沿》2008年第5期。

② 翟四虎、何德旭：《不断完善城镇职工基本养老保险制度——来自陕西省的调查》，《红旗文稿》2005年第24期。

③ 毛寿龙：《中国政府间关系》，中国广播电视出版社1996年版，第174—179页。

担全部支出责任①。中央政府和地方政府分权,意味着国家权力依据行政系统分散在不同层级,在全国范围内形成了众多具有一定自主性的小规模群体。老年福利供给,从本质上说必须有众多参与者才能维持制度安排的稳定,其遵循的是大数法则。但如果过度分权,老年福利在供给过程中就会形成众多、小规模的行动单位,不仅降低了管理的效率,而且也增大了制度运营的风险。同时,老年福利供给是一项惠及全体老年人的全国性的公共事业,只有中央政府才有能力进行这种跨区域的资源调节与分配。如果由地方政府来行使这种权力,福利资源的再分配功能只能局限在统筹范围内的老年人之间,这样,即使实现统筹区域内部财富分配的公平,也不能缩小地区之间老年福利的差距和水平。

因此,中央政府与地方政府之间的合理分权,主要体现在以下两个方面:其一,制度制定权的分享;其二,制度管理权的分享②。前者是制度制定的一部分,意味着中央政府在制定福利制度时,并不会颁布实施细节,而是需要地方政府进一步完善实施;后者是制度实施的一部分,意味着机构管理、资金管理待遇发放等具体问题由地方政府完成。这两种权力有不同归属,因此在分权过程中,需要对这两种权力区别对待,不能同时过度下放,也不能同时过度收缩。

(2)中央政府要适当集权

中央政府的适度集权主要是指国家权力要适度收回,避免因权力下放程度过高而导致基本制度的碎片化。老年福利制度的突出特点,就是保障老年人的最基本的养老需求,无论老年社会成员处于国家的任何地方,其最基本需求都是在同一水平上,相差不大。这种基本老年福利需求的边界即为国家权力的边界,而且随着全球化进程的开展,即使跨国界的基本养老需求,都会有趋同化的趋势。因此,就老年福利制度而言,中央政府必需统筹和掌握制度的制定和执行,这样才能增强老年福利制度的刚性。同时,考虑到我国人口众多和土地辽阔的现实,中央政府应赋予地方政府尤其是省级政府一定的自主权,允许他们对老年福利水平的适度调整,而调

---

① 沈荣华:《政府间公共服务职责分工》,国家行政学院出版社2007年版,第79页。
② 孟荣芳:《我国社会基本养老保障制度碎片化:基于国家制度视角的研究》,南京大学博士论文,2014年。

整的依据主要限定在经济发展水平的不同。同时，制度调整的幅度不能超越于各地区经济发展水平的差异。

二 我国老年福利供给的跨部门整合

管理体制、机构设置和运行机制是政府组织整合状态的三个主要层面。① 管理体制在上文中已经从横向、纵向两个方面进行了探讨，因此，本部分我们着重从机构设置和运行机制方面的内容进行分析。

（一）合理设置政府内部的部门机构

加强政府的跨部门整合就要改革政府内部组织结构。在老年福利领域，老年福利的部门整合首先要明确部门的职责：1. 按照大部制原则，对相同或重复职能的部门进行合并，逐步解决政出多门、职能交叉等问题。2. 对现有职能部门进行归纳分析，确定部门应该承担的基本职能。3. 对于难以确定并划分到具体部门中的职能，必须明确责任履行时的主办部门与协办部门。以社会保险费的征缴机构为例，社会保险经办机构与税务机构之间沟通不及时导致的业务中断和"参保不缴费、缴费却未登记"的现象，规制缺位，难以发现用人单位的违规行为等。而且，社会保险费的税务征缴的低效也彻底推翻了最初让税务机构代征的假设，即税务机构更准确地掌握着用人单位和职工的相关信息，而且税费同征能节省运行成本。但是，这一假设只考虑了税务机构的征缴能力，却忽略了其征缴意愿和征缴总额3%的管理费的动机。根据鲁全对税务机构和社保机构征缴保险费效率的实证研究证明，无论是从同一时期，不同征缴体制的静态数据比较，还是从同一地区，不同征收体制的动态数据比较结果来看，都是以社保机构为征收主体的效果好于以税务机构代征的效果②。与税务机构争取管理费的征缴动机相比，社会保险机构征缴社会保险费则是其职责所在，是其存在的理由。社会保险是建立在劳动关系基础上的，必须符合自求平衡、自我管理、独立运行规律的一种可持续的制度体系，由社会保险经办机构征缴则体现了上述规律，并且有动力做到"应缴尽缴"，以实现制度的可持续发展。因此，根据上述分析，中央和省政府应通力协作，克

---

① 李习彬：《"政治与行政二分"命题的组织整合理论解析》，《学术研究》2006年第3期。
② 鲁全：《中国养老保险费征收体制研究》，《山东社会科学》2011年第7期。

服地方和部门利益的冲动,尽快把社会保险费的征缴工作归一于社会保险经办机构。

(二) 构建跨部门沟通的协商机制

在政府部门沟通讲求行政对等、相互隶属等组织原则条件下,许多跨部门有效沟通难以取得实效。跨部门协调机制不畅的原因,一是缺乏沟通机制;二是人治思维影响下,将个人利益、部门利益放在公共利益之前[1]。因此,在跨部门协调机制探索的过程中,要摒除人治因素的影响,探索新的平等沟通机制,以实现跨部门的有效沟通。这些平等沟通的机制包括建立跨部门的政策论坛及圆桌会议,为部门以及部门人员之间共同协商提供沟通平台。

(三) 优化老年福利供给的业务流程

依据整体性治理理论,政府应对其部门内部功能机构进行整合,为老年人提供无缝隙的公共服务项目。例如,澳大利亚的"中央联络中心"把一个人生活的各个方面都有机联系起来。国内成都实行的养老保险和医疗保险"管理统一、征收统一、支付统一、基金管理统一、审计稽核统一"的模式,深圳的"先合后分"模式,广饶的"一票征缴、分别记账"模式等[2]。借鉴澳大利亚和国内其他地方的经验,我们可以对养老保险和医疗保险的运行机制进行整合。

老年福利供给运行机制整合可以分为横向业务整合和纵向系统整合。横向业务整合指参保者从一个服务窗口进入,强调"一站式""窗口化"和"首问负责制",各险种共享参保单位和个人的基础信息,而五险的政策和业务则实行分类管理,分别链接不同的社会服务机构,参保者从不同的社会服务机构接受不同的服务,如货币服务和实体服务。纵向系统整合指业务运行过程中不同层次承担的业务内容应合理划分、错落有致,以提高系统整体效能。县、市、区社保机构及乡镇/社区社保中心直接面对众多参保者,其业务包括社会保险的申报和登记、审核、征缴、保险关系的转移、接续、中断和终止;个人账户的建立和管理;社会保险信息的采

---

[1] 朱光磊:《中国政府发展报告》(第3辑),中国人民大学出版社2013年版,第313页。
[2] 杨燕绥:《社会保险经办机构能力建设研究》,中国劳动社会保障出版社2011年版,第85—86页。

集、整理和向上报送；社保政策的宣传、教育等内容。省级社保机构主要负责统筹基金数据库、个人账户电子文档库的保管和信息的归集、上报，省内社保预算和收支平衡，待遇领取者资格审查；国家社保机构负责建立总数据库和电子档案备份库，全国社保预算和总的收支平衡，负责与政府外组织链接定制社会服务并向下派送服务。纵向系统整合是指政策执行过程中不同层次承担的业务内容应合理划分、错落有致，以提高系统整体效能。

三 我国老年福利供给的合作伙伴关系构建

在本研究中，公共部门主要是指政府部门，私营部门是指除政府以外的其他行为者和部门，包括企业和社会组织等。公共服务公私合作提供改变了传统的行政组织提供模式，在老年福利领域，公、私主体都承担了福利供给的责任，必须发挥政府、市场、社会组织等多种力量的作用，在此基础上构建公私合作供给的制度安排，实现福利资源的有效供给。

（一）发挥政府的主导地位，促进其向"服务型政府"转型

20世纪末至今，西方国家政府职能由之前"掌舵"转向"服务"，政府为不同主体之间协商提供支持，其角色主要以议程安排为主①。在这种多元主体治理的格局下，政府不再是唯一的服务垄断者，也不再是主要的服务提供者。其承担的角色越来越复杂，比如养老机构既可以是由政府出资创办，也可以是由私人出资创办，或者公办民营、公建民营；政府既可以为特殊弱势老人购买非政府主体提供的养老服务，也可以通过发放补贴激励非政府主体参与。在这种复杂角色下，政府承担的职能主要表现为：1. 提供法律支持。政府应从老年福利的直接生产、供给中脱身出来，承担并发挥好政策制定者职能，为社会福利的生产、供给及输送提供法律框架，为其他主体参与提供具体规范，从而为老年福利的整体性治理提供适当的环境及法律支持。2. 政府应发挥引导性职能，为其他主体参与公共服务供给提供支持，培育公民社会，孵化社会组织，激励市场主体积极性。3. 政府应发挥保基本职能，承担兜底责任。对市场、社会组织失灵

---

① ［美］珍妮特·V. 登哈特，罗伯特·B. 登哈特：《新公共服务：服务，而不是掌舵》，丁煌译，中国人民大学出版社2010年版，第31页。

或力量无法达到之处承担起自己的责任。多元主体治理格局的形成决不能成为政府推卸自身责任的借口。

(二) 发挥市场在老年福利资源配置中的重要作用

随着经济发展和人们生活水平的提高,尤其是在人口老龄化背景下老年人的服务的需求不断提升,市场为老年产品和服务的供给提供了更多的选择。养老服务的准公共性就是政府与市场开展合作的基础。作为一项准公共产品,养老服务的供给应该发挥市场机制的作用。市场本身的特性决定了它可以通过供求、价格、竞争等机制引导资源合理的配置,为老年人提供充足的产品和服务,满足不同层次老年人的多样化需求。同时,市场本身所特有的竞争和效率也给予政府很好的参考和启示,一定程度上纠正政府失灵,减少官僚制高成本和低效率带来的弊端,减少老年福利的损失。

(三) 培育和推动社会组织的发展,使其成为自主性服务主体

人类行为的潜在多样性受到约束而其他可能性(如政治关系)允许存在时,这时社会组织就出现了[1]。这说明纵使在国家权力的管制下,社会组织的产生与发展也具有必然性。向老年社会成员提供政府一时难以提供的公共服务和产品,或者提供在质量和效率方面比市场生产更具优势的产品和服务,我们称之为"补救性福利生产"。补救性福利生产是社会组织在政府和企业之间针对公共产品和服务供给问题达成的"契约",社会组织与政府或企业形成"委托—代理"关系,政府将生产公共产品或服务的"权"或"责"以平等协商的方式委托给社会组织,社会组织全权代表政府从事社会福利生产活动。

社会组织自身的"结构—功能"和发展逻辑,决定了社会组织进行福利生产还要在已有社会福利存量的基础上,最大限度地增加社会福利变量,以持续增加社会福祉为导向进行"发展性社会福利"。社会组织进行发展性福利生产对推进国家治理体系和治理能力现代化具有积极作用,发展性福利生产使社会组织有了组织自身存在的根本意义,组织的伦理价值通过发展性福利生产最终回归于组织自身,而社会组织的功能、价值、目

---

[1] [美] 埃莉诺·奥斯特罗姆:《公共事务的治理之道》,余逊达、陈旭东译,上海译文出版社 2000 年版,第 72—73 页。

标、效能在发展性福利生产过程中得到充分、全面、有效、生动的彰显。

社会组织由于在社会结构中的特殊地位，具有比政府机构更多的灵活性和较高的工作效率等特点，并且具有服务传递、社会支持等独特的资源，能够弥补政府的欠缺或市场机制的失灵，利用自身的资源和优势提供各种服务，满足不同群体的特殊需求。社会组织可以整合福利服务，促进福利供给的效率，国内与国外的实践都表明，社会组织是老年福利制度体系中不可或缺的组织创新，有着政府、市场不可替代的作用。

（四）公私合作伙伴关系的构建

1. 政府与市场合作伙伴关系的构建。（1）政府将服务供给向民营部门转移，有资质的企业成为服务的生产者。通过签订服务承包合同的方式，政府将养老服务的生产和供给责任转交于具有资质、符合规定的企业。具体来说，政府制定明确的服务标准，准许一些符合条件的企业进入该领域，政府向从事养老服务的民营部门提供财政补贴及其他优惠政策。（2）充分释放市场的活力，借助市场的优点，如资源配置效率、成本意识和管理分工专业化等，通过契约外包的方式，使服务和经营更有效率。（3）政府对养老服务实行分类管理。根据不同人群对养老服务需求的不同，政府采取不同的管理，使政府与市场在合作的框架下，实现资源的合理配置。

2. 政府与社会组织合作伙伴关系的构建。（1）明确政府与社会组织的职能边界。政府对社会组织要有清晰的认识，真正了解社会组织的作用及局限性。在对社会组织管理的过程中，要加强引导式发展的理念。摒弃政府部门大包大揽的做法，将可由社会组织承担的职能交由社会组织完成。通过有关的法律文件规定，明确双方的权责边界。（2）政府要加强对社会组织的引导和培育。我国社会组织的发育还不成熟，这就需要政府通过培育或者建立"孵化基地"，加强对社会组织的引导，帮助社会组织更快壮大起来；并通过试点，总结经验教训，选择典型案例并推向全国。（3）社会组织既要接受政府的引导、培育，同时又要保持自身相对的自主性。社会组织要保持其自身的自主性，否则其难免沦为政府的附属物。（4）加强社会组织运营的专业化并建立问责机制。社会组织要充分利用政府出台的优惠政策，提升人力资源素养，培养一批优秀的人力资源团队。同时对政府出台的相关政策要制订具体的实施方案。社会组织还应加强对自身的监督，通过信息平台建设，及时公布相关的活动及资金流动情况，便于政府、个人等的监督。

本章小结

"理念优于制度，制度优于技术"[①]，没有先进的发展理念，不可能设计出合理的治理方案。在老年福利供给中，互助共济、保障公平是福利本身固有的特性、目标、本质和核心；而效率是老年福利供给正常运转的保证，同样对福利供给的效果产生重要的影响。西方福利发展的历史表明，公平优先和效率优先都会引发各种问题，所以老年福利供给的整体性治理应兼顾公平与效率，并据此确定我国老年福利供给整体性治理的目标。

借鉴整体性治理的模型，结合我国老年福利供给的实际，笔者认为，应从跨区域、跨部门和公私伙伴关系构建三个方面为我国老年福利供给贡献改革方案。具体来说：提升基础养老金的全国统筹，加强老年福利供给管理体制建设，合理划分中央与地方的权力；合理设置政府内部的部门机构，构建跨部门沟通的协商机制，优化老年福利供给的业务流程；发挥政府的主导地位，发挥市场的作用，培育和推动社会组织的发展，使其成为自主性服务主体，最终构建政府与市场、政府与社会组织充分合作的公私伙伴关系。

---

① 郑功成：《中国社会保障发展报告》，人民出版社 2016 年版，第 12 页。

第七章 结论与展望

人口老龄化是经济社会发展进步的产物，也是 21 世纪人类社会共同面临的重大选题。在党的十九大报告中，老年福利问题多次被提到，充分表明了党和政府对老年议题的关注和重视。但是，在老年福利供给过程中，却存在供给"不平衡、不充分"的问题，即老年福利供给的碎片化。根据整体性治理的理论分析框架，笔者提出了具体的改革方案。

第一节 主要研究结论

在绪论部分，笔者提出了本研究的主要问题，对这些问题的回答就构成了本研究的主要结论。

一 整体性治理理论框架的本土化构建

行政学者罗伯特·达尔指出，从某一个国家的行政体系中总结出来的行政管理理论，并不一定具有普遍的适用价值，所以不能立刻照搬到其他国家的行政体系之中。所以在行政理论借鉴实施的过程中，一定要先对其实用性做出判断。"必须把那个特殊场合加以研究之后才可以判定"[1]。在行政科学领域不存在适用于任何情境的普遍的理论分析框架，除非西方学者在构建其行政理论时已经充分考虑了其他国家或地区的特殊情况（一般情况下总是缺少跨越国别的通盘的考量），否则便不能承认其理论的有效性和普适性。我国老年福利供给存在的碎片化具有独特的历史性和国别

---

[1] Robert Alan Dahl. The Science of Public Administration, *Public Administration Review*, 1947 (1).

性，计划经济体制下形成的以国家供给为主的老年福利政策、僵化的福利管理体制等导致老年福利供给与其他国家不尽相同的中国式碎片化治理形态。笔者借鉴整体性治理理论的分析框架，并结合我国老年福利供给的现状、问题，从区域、部门和主体三个维度构建了我国老年福利供给碎片化的分析框架。

二 我国老年福利供给的碎片化表现

（一）老年福利供给的区域差异与失衡。目前，我国老年福利供给层次还比较低，致使各区域之间的政策和待遇水平差别较大，客观上造成了缴费负担不公、管理、计发模式不统一，区域之间政府、个人及企业的养老负担不公平。带来种种弊端：区域之间制度衔接整合存在诸多障碍，保险缴费关系难以结转，而且也使各区域的政府、个人、区域之间面临不公平的竞争环境。

（二）老年福利供给的部门割裂与冲突。老年福利供给涉及的部门包括人力资源与社会保障部门、民政部、卫生部、住房和城乡建设部、财政部、审计署、国家发展改革委员会等多个部门，各部门均有一套稳定且详细的技术规范要求。"这也进一步导致了政府利益部门化及部门本位主义等问题"[1]。其本质是每一专业部门分工、职责、目标都有所差异，部门组织间无法进行沟通与协调以及共享资源，以致部门间政策目标与手段相互冲突以及政策运行中出现各种组织壁垒现象。

（三）老年福利供给的主体限度与分散。现阶段老年福利问题已无法单纯依靠单一政府，或其他单一供给主体来解决。因为如果单纯依靠国家提供福利供给，可能会出现政府失灵或者福利依赖的问题，而如果单纯依靠市场供给又违背了福利供给公平性的原则，仅仅依靠家庭供给则有悖于社会福利的基本福祉的目标。社会组织发展仍然比较缓慢，尚未独立具备为老年人提供福利的能力。因此，政府、市场、社会组织合作供给成为现实发展的选择。但通过对济南天思国际养老服务中心和善德养老院两个案例的分析，却可以看出公私合作过程中还存在一些影响发展的"不和谐"

---

[1] ［美］拉塞尔·M·林登：《无缝隙政府》，汪大海等译，人民出版社2002年版，第5页。

因素，公私合作供给的良性伙伴关系还未建立起来。

三　我国老年福利供给碎片化的根源

（一）事权、财权不匹配与地方机会主义。事权和财权的划分，实际上反映了政府动员的社会资源在各级政府之间如何分配和使用的问题[①]。但是在实际工作当中，事权与财权分配不对应，中央财政集中度较高，而地方政府承担的实际职能较多，支出压力较大，事权的层层下移使缺乏相应财力的地方政府在财政上向中央政府层层倒逼，对中央财政转移支付形成较强的依赖，致使中央与地方责权划分不清，形成了老年福利政策中央统一性与地方多样性的现状。同时，在具体的老年福利事务的管理运行过程中，属地管理的原则赋予了统筹地区极大的事权，两者作为利益驱动和职能便宜的联合作用，促使地方政府有动机、有途径、有意愿维持当下的地方统筹状态。

（二）政府部门的自利性与部门间职权冲突。不可否认，每个部门都会有自身的利益考量，而如果每一个行政机构都过于追求本部门利益，便会因小失大，导致具体行动偏离了公共性的宗旨，不仅会对整体的社会利益造成损失，更会影响当下社会福利改革的全局和方向，成为改革顺利进行的绊脚石[②]，部门的自利性导致了碎片化的有意结果，部门间的职权交叉导致了碎片化的意外结果。在部门冲突的机制下，政府部门之间已经形成一种阻碍协作的"壁垒"，这种壁垒根植于权责配置与互动的环境中，可以称为"权责壁垒"。它加大了部门间协作的"交易费用"，使不同部门固守各自的利益领域，裂化了政府"整体性"的价值认同。

（三）老年福利供给主体良性伙伴关系并未形成。政府、市场、社会组织、家庭自身的特点决定了在老年福利供给中存在一定限度。政府存在对市场和社会空间的挤压以及福利供给效率不足；市场的特点决定了福利供给不是普惠和无偿的，而是以老年人一定的缴费为依据的，同时追求产品/服务生产与供给的低成本与高产出，致使在福利供给中"市场化有余

---

① 梁鹏、周天勇：《解决中央和地方事权与财权失衡的理性探索》，《地方财政研究》2004年第1期。

② 石亚军、施正文：《我国行政管理体制改革中的"部门利益"问题》，《中国行政管理》2011年第5期。

而福利性不足"[①]；社会组织具有浓厚的"国家法团主义"，国家制定相关行政法规的目的便是将社团控制在合理的范围之中[②]；而家庭在福利供给中的功能逐渐弱化。政府、市场、社会组织合作供给成为现实发展的选择。但是，在实际供给中，政府过多的干预可能使其他主体在合作中处于自主性缺失的地位，难以实现与政府的地位对等；福利信息被分散在各个主体手中，无法在不同主体间顺畅的流动和共享。

四 我国老年福利供给的整体性治理

整体性治理为我国老年福利供给的碎片化提供了解决方案，要实现老年福利供给的整体性治理，要从以下几个方面入手：首先，实现老年福利供给公平与效率的统一，"将在公平中注入合理性和在效率中注入道义性作为改革的行动指南"[③]；其次，确定我国老年福利供给的目标，即构建普惠型的老年福利供给体系；最后，从跨区域、跨部门、公私伙伴关系构建三个维度，为我国老年福利供给整体性治理提供了路径方案。

第二节 研究展望

老年福利供给的碎片化是一个具有重大意义和有针对性的议题，由于老年福利供给涵盖的内容繁杂，涉及福利的具体内容，比如养老保险、养老服务等；也涉及到具体的管理部门，还涉及政策的制定和执行……对研究人员的要求较高。探索这一问题既需要对政府内部部门之间的运作、上级政府与下级政府之间的权责、政府与其他供给主体的合作关系有充分的了解，又要对老年福利制度的变迁以及福利供给的外部环境有基本的把握，才能对碎片化问题进行充分研究，提供的方案才能对当今老年福利领域的改革起到一个参考作用。为此，本研究选取了整体性治理的分析框架对问题展开分析，从对碎片化问题的分析到整体性治理方案的提出，看似比较有理有据，也不可避免地带有一定的局限性。且受到本人学术积累的

[①] 田北海：《社会福利社会化的困境与出路》，《学习与实践》2008年第6期。
[②] 顾昕、王旭：《从国家主义到法团主义——中国市场转型过程中国家与专业团体关系的演变》，《社会学研究》2005年第2期。
[③] 曲秀芳：《论公平与效率的关系》，吉林大学硕士论文，2006年，第17—18页。

限制,在这一框架下研究的深度也有待进一步提升。鉴于本研究的意义,老年福利供给的碎片化有待在以下几个方面进行深化。

第一,深化老年福利供给信息化建设的研究。大数据时代,信息技术手段为政府、部门以及政府外主体间信息和资源整合提供了平台,信息技术为科学决策提供了有力支撑。虽然目前全国统一的信息化平台尚未建成,但为后续研究提供了新的方向。

第二,世界上其他一些国家也存在福利供给碎片化的问题,与其他一些国家相比,我国老年福利供给的碎片化的异同表现在哪里?我国在治理碎片化的路径上的经验教训是什么?

第三,进一步丰富研究方法。通过建立老年福利供给的指标体系,运用系统方法来检测和评估老年福利各子系统之间、各子系统内部要素之间以及老年福利供给与外部环境之间的分割程度,对老年福利供给的碎片化做出量化分析,也为建立整合的模型提供数量基础。

鉴于老年福利供给议题的重要性,本人在以后的工作学习中会更加关注这一问题,以期形成更加规范、更具操作可行的老年福利供给碎片化的对策建议。

附录一　访谈提纲

访谈说明：

本研究访谈了两家养老服务机构。在调研过程中，分别访谈了政府、社会组织及企业方面的主要负责人。

本研究访谈为半结构式访谈，调研时我们拟定了如下的提纲，但在访谈中会在保证信息完整的前提下尽量顺着被访人思路提问。

一　政府部门负责人访谈提纲

1. 请您介绍一下政府成立这一机构的背景。
2. 当时政府采用的什么程序与策略去选择合作主体？
3. 选择合作主体时，对承接主体有什么资格要求？在企业和社会组织两个主体间有特别的倾向吗？
4. 最终选择与这一组织合作，最大的考虑是什么？
5. 在合作初期，承接组织有无表达过他们的诉求？
6. 服务供给中，政府主要履行哪些责任？
7. 服务供给阶段，政府与这一组织有无建立日常沟通、交流平台？
8. 服务供给阶段，政府与这一组织沟通主要围绕哪些问题展开？对这些问题最终是如何处理的？
9. 政府对这一组织提供服务如何进行监管？监管的内容主要有哪些？
10. 监管中发现过问题吗？如果发现过，又是如何解决的？
11. 您是如何理解"政府主导"的？
12. 您觉得当前提供服务的效率如何？对此种形式合作的评价如何？

二 社会组织、企业负责人访谈提纲

1. 您们为何会承接这一项目？基于什么理念？
2. 为了承接这一项目，您们组织有无主动采取过一些措施？
3. 在承接项目这一环节，您们曾扮演过什么角色？
4. 在承接项目这一环节，您们有无表达过自己诉求？有的话，通过何种途径？诉求最终是否达到？
5. 您认为在承接项目这一环节，政府扮演着何种角色？
6. 最终采取哪种形式的合作？这种合作形式由谁来决定的？各个主体各自提供什么资源？
7. 这种的合作有无签订合同？合同内容主要包括哪些？
8. 机构所提供的服务内容包括哪些？内容由谁来定？价格由谁来定？
9. 机构运营中成本包括哪些？财务状况如何？能否盈利？
10. 机构的资源都来自哪家分店里？除政府外，有无其他来源途径？
11. 您如何评价政府扮演的角色？
12. 您对机构所提供的服务效率如何评价？
13. 您在合作中遇到过哪些困难及问题？对当前这种合作如何评价？

附录二 论文中所用表格

表0—1	阿玛蒂亚·森测量"福利"的具体路径	（12）
表0—2	福利的内涵	（13）
表0—3	希克斯关于整体性治理理论在不同阶段的论述	（18）
表0—4	埃斯平—安德森经典的社会福利国家三分法表	（22）
表0—5	老年福利研究高频主题词	（25）
表0—6	案例访谈对象及其编号一览表	（36）
表1—1	西方国家整体性治理的实践探索	（47）
表3—1	"统账结合"不同的实施办法及区域选择	（79）
表3—2	各区域养老保险统筹模式	（84）
表3—3	2015年我国各区域城镇职工基本养老保险的制度覆盖率	（86）
表3—4	2015年我国各区域城镇职工基本养老保险制度赡养率状况	（87）
表3—5	2015年我国各区域城镇职工基本养老保险企业实际缴费率	（89）
表3—6	2015年我国各区域城镇职工基本养老保险待遇	（90）
表3—7	2015年我国各区域城镇职工基本养老保险结余状况	（91）
表3—8	1994—2016年中央和地方财政收、支分别占国家财政总收、支的比重	（94）
表3—9	1994—2016年中央转移支付占全国财政总支出与中央财政总支出的比重	（96）
表4—1	中华人民共和国成立以来中央政府机构数量的变化情况	（104）
表4—2	省（市、自治区）医疗保险征缴机构差别（2012—2013）	（107）

表4—3 中国三大社会基本医疗保险政策的比较 …………… (111)
表5—1 老年福利的供给主体及特征 ………………………… (120)
表5—2 公私合作供给养老服务的描述框架 ………………… (127)
表6—1 世界各国正常退休年龄情况 ………………………… (149)

附录三 论文中所用图

图0—1 2000—2050年世界65岁以上老年人口比例变动预测 ……（ 3 ）
图0—2 阿玛蒂亚·森衡量"福利"的"可行能力"取向 ………（ 11 ）
图0—3 老年社会福利的概念解构 …………………………（ 15 ）
图0—4 老年福利研究关键词共现图谱 ……………………（ 24 ）
图0—5 论文研究技术路线图 ………………………………（ 32 ）
图1—1 整体性治理的三维立体整合模型 …………………（ 51 ）
图4—1 基本医疗保障体系主要行动者及监管框架 ………（108）
图5—1 公私合作伙伴关系图 ………………………………（126）

参考文献

一 中文著作类：

1. ［美］阿瑟·奥肯：《平等与效率：重大的抉择》，陈涛译，中国社会科学出版社 2013 年版。

2. ［法］埃米尔·迪尔凯姆：《社会分工论》，渠东译，生活·读书·新知三联书店 2000 年版。

3. ［美］埃莉诺·奥斯特罗姆：《公共事务的治理之道》，余逊达、陈旭东译，上海译文出版社 2000 年版。

4. ［英］安东尼·哈尔，［美］詹姆斯·梅志里：《发展型社会政策》，罗敏等译，社会科学文献出版社 2008 年版。

5. ［美］保罗·A. 萨缪尔森等：《经济学》，高鸿业等译，中国发展出版社 1992 年版。

6. 蔡文辉：《婚姻与家庭：家庭社会学》，五南图书出版股份有限公司 2003 年版。

7. ［美］查尔斯·林德布罗姆：《决策过程》，竺乾威、胡君芳译，上海译文出版社 1988 年版。

8. 陈银娥：《社会福利》，中国人民大学出版社 2015 年版。

9. 陈振明：《公共政策分析》，中国人民大学出版社 2003 年版。

10. ［美］道格拉斯·诺斯：《制度、制度变迁与经济绩效》，刘守英译，上海三联书店、上海人民出版社 1994 年版。

11. 邓伟志：《近代中国家庭的变革》，上海人民出版社 1994 年版。

12. 邓小平：《邓小平文选》（第 2 卷），人民出版社 1994 年版。

13. 邓智平：《社会建设十讲》，华中科技大学出版社 2014 年版。

14. 丁建定：《西方国家社会保障史》，高等教育出版社 2010 年版。

15. 多吉才让:《中国老年人社会福利》,中国社会出版社 2002 年版。

16. 费孝通:《乡土中国》(修订本),上海世纪出版集团 2013 年版。

17. 高培勇:《"十二五"时期的中国财税改革》,中国财政经济出版社 2010 年版。

18. 高书生:《社会保障改革何去何从》,中国人民大学出版社 2006 年版。

19. [丹] 戈斯塔·埃斯平-安德森:《福利资本主义的三个世界》,郑秉文译,法律出版社 2003 年版。

20. [丹] 戈斯塔·埃斯平-安德森:《转型中的福利国家》,杨刚译,商务印书馆 2010 年版。

21. 国家卫生计生委家庭司编:《中国家庭发展报告 2016》,中国人口出版社 2016 年版。

22. 韩央迪:《第三视域下的中国农民福利治理》,上海三联书店 2014 年版。

23. [美] 亨利·明茨伯格:《论管理》,闾佳译,机械工业出版社 2007 年版。

24. 洪世健:《大都市区治理——理论演进与运作模式》,东南大学出版社 2009 年版。

25. 胡锦涛:《高举中国特色社会主义伟大旗帜 为夺取全面建设小康社会新胜利而奋斗——在中国共产党第十七次全国代表大会上的报告》,人民出版社 2007 年版。

26. 胡锦涛:《坚定不移沿着中国特色社会主义道路前进 为全面建成小康社会而奋斗——在中国共产党第十八次全国代表大会上的报告》,学习出版社 2012 年版。

27. [英] 吉登斯:《现代性的后果》,田禾译,译林出版社 2011 年版。

28. 金太军、赵晖等:《中央与地方政府关系建构与调谐》,广东人民出版社 2005 年版。

29. 景天魁:《福利社会学》,北京师范大学出版社 2010 年版。

30. 景天魁、高和荣、毕云天:《普遍整合的福利体系》,中国社会科学出版社 2014 年版。

31. 景天魁：《普遍整合的福利体系》，中国社会科学出版社 2014 年版。

32. ［美］拉塞尔·M·林登：《无缝隙政府》，汪大海等译，人民出版社 2002 年版。

33. ［英］莱恩·多亚尔等：《人的需要理论》，汪淳波译，商务印书馆 2008 年版。

34. 李建盛：《心灵的空地——宗教心性与生命情怀》，中国文联出版社 1999 年版。

35. 李连芬：《我国基本养老保险全国统筹问题研究》，经济日报出版社 2015 年版。

36. 李萍：《财政体制简明图解》，中国财政经济出版社 2010 年版。

37. 刘飞跃：《公共管理学案例分析》，经济日报出版社 2015 年版。

38. 刘凤琴：《农地制度与农业经济组织》，中国社会科学出版社 2006 年版。

39. 刘蕾：《城乡社会养老保险均等化研究》，经济科学出版社 2010 年版。

40. 楼继伟：《中国政府间财政关系再思考》，中国财政经济出版社 2013 年版。

41. 鲁全：《转型期中国养老保险制度改革中的中央与地方关系研究——以东北三省养老保险改革试点为例》，中国劳动保障出版社 2011 年版。

42. 吕学静：《日本社会保障制度》，经济管理出版社 2000 年版。

43. ［美］罗纳德·德沃金：《至上的美德》，冯克利译，江苏人民出版社 2003 年版。

44. 马克思、恩格斯：《马克思恩格斯选集》（第 1 卷），人民出版社 1995 年版。

45. ［英］迈克·费瑟斯通：《消费文化与后现代主义》，刘精明译，译林出版社 2000 年版。

46. 毛寿龙等：《西方政府的治道变革》，中国人民大学出版社 1998 年版。

47. 毛寿龙：《中国政府间关系》，中国广播电视出版社 1996 年版。

48. ［美］E. 博登海默：《法理学——法律哲学与法律方法》，邓正来译，中国政法大学出版社 1999 年版。

49. ［美］E. S. 萨瓦斯：《民营化与公私部门的伙伴关系》，周志忍译，中国人民大学出版社 2002 年版。

50. ［美］密尔顿·弗里德曼，罗斯·弗里德曼：《自由选择：个人声明》，胡骑、席学媛、安强译，商务印书馆 1999 年版。

51. ［美］尼古拉斯·亨利：《公共行政与公共事务》，中国人民大学出版社 2011 年版。

52. ［澳］欧文·E. 休斯：《公共管理导论》，张成福、王学栋译，中国人民大学出版社 2007 年版。

53. 潘屹：《中国农村福利》，社会科学文献出版社 2014 年版。

54. 彭华民等：《西方社会福利理论前沿——论国家、社会、体制与政策》，中国社会出版社 2009 年版。

55. 彭华民：《老人福利》，南开大学出版社 2002 年版。

56. ［法］皮埃尔·卡墨蓝：《破碎的民主：试论治理的革命》，高凌瀚译，三联出版社 2005 年版。

57. 沈荣华：《政府间公共服务职责分工》，国家行政学院出版社 2007 年版。

58. 时正新：《中国社会福利与社会进步报告 1999》，社会科学文献出版社 2000 年版。

59. ［美］斯蒂芬·戈德史密斯，威廉·D. 埃格斯：《网络化治理：公共部门的新形态》，孙迎春译，北京大学出版社 2008 年版。

60. 宋立、刘树杰：《各级政府公共服务事权财权配置》，中国计划出版社 2005 年版。

61. 陶立群：《中国老年人社会福利》，中国社会出版社 2002 年版。

62. 田雪原：《人口老龄化与"中等收入陷阱"》，社会科学文献出版社 2013 年版。

63. 童星：《社会保障理论与制度》，江苏教育出版社 2008 年版。

64. 王春光：《超越城乡：资源、机会一体化配置》，社会科学文献出版社 2016 年版。

65. 王思斌：《社会工作导论》，高等教育出版社 2004 年版。

66. 吴忠民：《老吾老以及人之老——当下的社会公正问题》，《社会学家茶座》（第1辑），山东人民出版社2002年版。

67. ［美］西蒙：《管理行为》，北京经济学院出版社1988年版。

68. 习近平：《决胜全面建成小康社会　夺取新时代中国特色社会主义伟大胜利——在中国共产党第十九次全国代表大会上的报告》，人民出版社2017年版。

69. 熊文钊：《大国地方：中国中央与地方关系宪政研究》，北京大学出版社2005年版。

70. 熊跃根：《需要、互惠和责任分担》，格致出版社、上海人民出版社2008年版。

71. 徐震、林万亿：《当代社会工作》，五南图书出版公司1999年版。

72. 薛晓源、周战超：《全球化与风险社会》，社会科学文献出版社2005年版。

73. 杨立雄：《老年福利制度研究》，人民出版社2013年版。

74. 杨燕绥：《社会保险经办机构能力建设研究》，中国劳动社会保障出版社2011年版。

75. 杨燕绥、阎中兴：《政府与社会保障——关于政府社会保障责任的思考》，中国劳动社会保障出版社2007年版。

76. 杨燕绥：《政府与社会保障》，中国劳动社会保障出版社2007年版。

77. ［英］H. K. 科尔巴奇：《政策》，张毅译，吉林人民出版社2005年版。

78. ［美］约翰·罗尔斯：《正义论》，何怀宏等译，中国社会科学出版社1998年版。

79. ［英］约翰·洛克：《政府论》，赵伯英译，陕西人民出版社2004年版。

80. 岳经纶、郭巍青：《中国公共政策评论》（第2卷），上海人民出版社2008年版。

81. 曾凡军：《基于整体性治理的政府组织协调机制研究》，武汉大学出版社2012年版。

82. 曾令发：《探寻政府合作之路——英国布莱尔政府改革研究》，人民出版社 2010 年版。

83. 张金马：《公共政策分析：概念·过程·方法》，人民出版社 2004 年版。

84. 张翔：《改革进程中的政府部门间协调机制》，社会科学文献出版社 2014 年版。

85. 赵人伟、赖德胜、魏众：《中国的经济转型和社会保障改革》，北京师范大学出版社 2006 年版。

86. ［美］珍妮特·V. 登哈特，罗伯特·B·登哈特：《新公共服务：服务，而不是掌舵》，丁煌译，中国人民大学出版社 2010 年版。

87. 郑功成：《社会保障学》，中国劳动社会保障出版社 2005 年版。

88. 郑功成：《我国社会保障 30 年》，人民出版社 2008 年版。

89. 郑功成：《中国社会保障发展报告》，人民出版社 2016 年版。

90. 郑功成：《中国社会保障改革与发展战略：理念、目标与行动方案》，人民出版社 2008 年版。

91. 郑功成：《中国社会保障制度变迁与评估》，中国人民大学出版社 2002 年版。

92. 中国经济改革研究基金会，中国经济体制改革研究会联合专家组：《中国社会养老保险体制改革》，上海远东出版社 2006 年版。

93. 中国社会科学院语言研究所编辑室编：《现代汉语词典》（2002 年增补本），商务印书馆 2002 年版。

94. 周沛：《社会福利体系研究》，中国劳动社会保障出版社 2007 年版。

95. 周振超：《当代中国政府"条块关系"研究》，天津人民出版社 2009 年版。

96. 朱光磊：《中国政府发展报告》（第 3 辑），中国人民大学出版社 2013 年版。

97. 竺乾威：《公共行政理论》，复旦大学出版社 2012 年版。

二 中文期刊类

1. 毕云天：《论大福利视域下我国社会福利体系的整合》，《学习与实践》2012 年第 2 期。

2. 陈家建：《法团主义与当代中国社会》，《社会学研究》2010 年第

2期。

3. 陈静：《对老年社会福利供给中市场作用的探讨》，《青海社会科学》2014年第6期。

4. 陈静、周沛：《论我国老年社会福利供给中政府角色的嬗变》，《东南学术》2015年第3期。

5. 陈瑞莲、张紧跟：《公共行政研究的新视角：区域公共行政》，《公共行政》2002年第3期。

6. 陈少晖、许雅雯：《养老金保险制度：韩国经验对中国的启示》，《亚太经济》2005年第6期。

7. 陈硕、高林：《央地关系：财政分权度量及作用机制再评估》，《管理世界》2012年第6期。

8. 陈振明：《评西方的新公共管理范式》，《中国社会科学》2000年第6期。

9. 陈振明：《走向一种"新公共管理"的实践模式——当代西方政府改革趋势透视》，《厦门大学学报》（哲学社会科学版）2000年第2期。

10. 陈铮：《"合作政府"：英国行政改革的新走向》，《东南学术》2002年第5期。

11. 陈治：《福利供给变迁中的政府责任及实现制度研究——福利供给的国外考察与启示》，《理论与改革》2007年第5期。

12. 丁英顺：《韩国老年福利制度的发展及特征》，《东北亚学刊》2017年第3期。

13. 董慧敏：《中央与地方财政事权关系述评》，《国家治理》2016年第11期。

14. 方堃、杨欣：《少数民族流动人口跨区域服务管理协作机制研究》，《中南民族大学学报》2017年第4期。

15. 冯兰瑞：《社会保障社会化与养老基金省级统筹》，《中国社会保障》2002年第10期。

16. 高建华：《区域公共管理视域下的整体性治理：跨界治理的一个分析框架》，《中国行政管理》2010年第11期。

17. 顾昕、王旭：《从国家主义到法团主义——中国市场转型过程中国家与专业团体关系的演变》，《社会学研究》2005年第2期。

18. 顾昕：《中国医疗保障体系的碎片化及其治理之道》，《学海》2017 年第 1 期。

19. 关信平：《论我国社会保障制度一体化建设的意义及相关政策》，《东岳论丛》2011 年第 5 期。

20. 郭伟和：《论影响中国城镇社会福利政策变化的若干因素》，《民政论坛》2001 年第 2 期。

21. 韩保中：《全观型治理之研究》，《公共行政学报》（台湾）2009 年第 31 期。

22. 韩璐：《国家卫生计生委"三定"规定公布》，《健康报》2013 年 6 月 19 日。

23. 韩兆柱、卢冰：《京津冀雾霾治理中的府际合作机制研究》，《天津行政学院学报》2017 年第 4 期。

24. 何立新：《中国城镇养老保险制度改革的收入分配效应》，《经济研究》2007 年第 3 期。

25. 何文炯：《构建公平和可持续的社会养老保障体系》，《浙江统计》2009 年第 3 期。

26. 贺东航、孔繁彬：《公共政策执行的中国经验》，《中国社会科学》2011 年第 5 期。

27. 胡鞍钢：《利国利民、长治久安的奠基石——关于建立全国统一基本社会保障制度、开征社会保障税的建议》，《改革》2001 年第 4 期。

28. 胡佳：《迈向整体性治理：政府改革的整体性策略及在中国的适用性》，《南京社会科学》2010 年第 5 期。

29. 胡象明、唐波勇：《整体性治理：公共管理的新范式》，《华中师范大学学报》（人文社会科学版）2010 年第 1 期。

30. 胡象明：《"文件打架"的原因及对策》，《中国行政管理》1995 年第 9 期。

31. 景天魁、毕云天：《从小福利迈向大福利：中国特色福利制度的新阶段》，《理论前沿》2009 年第 11 期。

32. 郎杰燕：《整体性治理视角下的城乡医保管理体制整合》，《中共福建省委党校学报》2017 年第 10 期。

33. 李长远：《我国农村社会养老保险制度碎片化路径依赖及对策》，

《河北理工大学学报》（社会科学版）2011年第5期。

34. 李连友：《论利益分化对我国养老保险制度变迁的影响》，《财政理论与实践》2000年第1期。

35. 李荣娟、田仕兵：《整体性治理视角下的大部制改革完善探析》，《社会主义研究》2011年第3期。

36. 李习彬：《"政治与行政二分"命题的组织整合理论解析》，《学术研究》2006年第3期。

37. 梁鹏、周天勇：《解决中央和地方事权与财权失衡的理性探索》，《地方财政研究》2004年第1期。

38. 廖俊松：《整体性治理：一个待检证的未来命题》，《台湾民主季刊》2006年第3期。

39. 林闽钢：《代际分化视角下的东亚福利体制》，《中国社会科学》2010年第5期。

40. 林闽钢：《东亚福利体制与社会政策发展》，《浙江学刊》2008年第2期。

41. 林毓铭：《完善养老保险省级统筹管理体制的思考》，《市场与人口分析》2007年第4期。

42. 林毓铭：《中国社会保障制度可持续发展的分析与评估》，武汉大学博士学位论文，2004年。

43. 刘超：《"整体政府"模式的政治学分析》，《成都行政学院学报》2010年第4期。

44. 刘桂莲：《我国养老保险综合水平地区差异研究》，《现代管理科学》2014年第11期。

45. 刘继同：《中国社会工作发展状况与社会福利政策处境》，《首都师范大学学报》（社会科学版）2005年第1期。

46. 刘军强：《资源、激励与部门利益：中国社会保险征缴体制的纵贯研究（1999—2008）》，《中国社会科学》2011年第4期。

47. 刘珊：《福利模式的全景式比较研究——〈福利资本主义的三个世界〉的启示》，《云南行政学院学报》2013年第5期。

48. 楼继伟：《财政体制改革的历史与路径》，《财经》2012年第319期。

49. 鲁全：《养老保障制度的整合分析框架及其应用》，《中国人民大学学报》2008 年第 3 期。

50. 鲁全：《中国养老保险费征收体制研究》，《山东社会科学》2011 年第 7 期。

51. 路风：《单位：一种特殊的社会组织形式》，《中国社会科学》1989 年第 1 期。

52. 路锦非：《合理降低我国城镇职工基本养老保险缴费率的研究》，《公共管理学报》2016 年第 1 期。

53. 吕建华、高娜：《整体性治理对我国海洋环境管理体制改革的启示》，《中国行政管理》2012 年第 5 期。

54. 罗［英］伯特·平克：《"公民权"与"福利国家"的理论基础：T. H. 马歇尔福利思想综述》，刘继同译，《社会福利》2013 年第 1 期。

55. 罗［英］伯特·平克：《全球化时代的社会福利》，《社会保障制度》2001 年第 8 期。

56. 罗子初、曾友中：《转型期行政协调机制的重塑》，《地方政府管理》2001 年第 1 期。

57. 孟荣芳：《碎片化：社会基本养老保障制度发展中的迷思》，《社会科学研究》2014 年第 5 期。

58. 米红：《农保：谨防碎片化》，《中国社会保障》2008 年第 4 期。

59. 彭锦鹏：《全观型治理：理论与制度化策略》，《政治科学论丛》（台湾）2005 年第 23 期。

60. 彭文洁：《社会改革推动社会福利社会化》，《社会福利》2005 年第 5 期。

61. 彭希哲、胡湛：《当代中国家庭变迁与家庭政策重构》，《中国社会科学》2015 年第 12 期。

62. 齐海鹏、杨少庆、尹科辉：《我国基础养老金全国统筹障碍分析及方案设计》，《地方财政研究》2016 年第 11 期。

63. 秦永超：《老人福祉视域下养老福利多元构建》，《山东社会科学》2015 年第 12 期。

64. 瑟庐：《家庭革新论》，《妇女杂志》9 卷 9 号 1923 年 9 月。

65. 尚晓媛：《"社会福利"和"社会保障"的再认识》，《中国社会科学》2001 年第 3 期。

66. 申曙光、侯小娟：《我国社会医疗保险制度的碎片化与制度整合目标》，《广东社会科学》2012 年第 3 期。

67. 盛和泰：《养老保险碎片化的成因分析与应对策略》，《保险研究》2011 年第 5 期。

68. 石亚军、施正文：《我国行政管理体制改革中的"部门利益"问题》，《中国行政管理》2011 年第 5 期。

69. 宋强、耿弘：《整体性治理——中国食品安全监管体制的新走向》，《贵州社会科学》2012 年第 9 期。

70. 宋士云、吕磊：《中国社会保障体制变迁研究》，《贵州财经学院学报》2012 年第 2 期。

71. 宋小敏：《论马克思主义的经济制度"突变"理论》，《当代世界与社会主义》2002 年第 4 期。

72. 宋亚娟：《我国养老保险制度的碎片化治理》，《郑州航空工业管理学院学报》（社会科学版）2010 年第 5 期。

73. 宋洋：《农村社会福利的多元主体协同供给研究》，《中国特色社会主义》2014 年第 4 期。

74. 苏国：《"十二五"期间大力推进养老服务体系建设的建议》，《宏观经济管理》2011 年第 2 期。

75. 孙立：《"政治正确"与部门利益——一种泛政治化现象的分析》，《中国改革》2006 年第 8 期。

76. 孙学玉、伍开昌：《当代中国行政结构扁平化的战略构想——以市管县体制为例》，《中国行政管理》2004 年第 3 期。

77. 谭兵：《基本养老保险政策的"第三类"错误》，《广东社会科学》2011 年第 3 期。

78. 谭海波、蔡立辉：《碎片化政府管理模式及其改革——基于"整体性政府"的理论视角》，《学术论坛》2010 年第 6 期。

79. 谭深：《城市"单位保障"的形成和特点》，《社会学研究》1991 年第 5 期。

80. 汤火箭、谭博文：《财政制度改革对中央与地方权力结构的影响——以财权和事权为视角》，《宏观经济研究》2012 年第 9 期。

81. 汤水清：《论新中国城乡二元社会制度的形成——从粮食计划供给制度的视角》，《江西社会科学》2006年第8期。

82. 田北海：《社会福利社会化的困境与出路》，《学习与实践》2008年第6期。

83. 田凯：《关于社会福利的定义及其与社会保障关系的再探讨》，《上海社会科学院学术季刊》2001年第1期。

84. 田凯：《机会与约束：中国福利制度转型中非营利部门发展的条件分析》，《社会学研究》2003年第2期。

85. 同春芬、汪连杰、耿爱生：《中国养老保障体系的四供给主体与职责定位》，《湘潭大学学报》（哲学社会科学版）2015年第3期。

86. 汪泽英、曾湘泉：《我国基本养老保险制度的公平问题探析》，《中州学刊》2004年第6期。

87. 王俊元：《契约途径下社会服务公私协力运作策略之研究——台湾经验与启发》，《公共行政评论》2011年第5期。

88. 王丽娅：《我国城市基础设施投资体制改革研究》，《河南金融管理干部学院学报》2005年第3期。

89. 王满船：《西方行政改革的新公共管理模式评析》，《中国行政管理》1999年第5期。

90. 王思斌：《我国适度普惠型福利制度的建构》，《北京大学学报》（哲学社会科学版）2009年第3期。

91. 王晓东：《整体性治理视角下欠发达地区社会养老保险的城乡一体化》，《苏州大学学报》2017年第1期。

92. 王晓军、赵彤：《中国社会养老保险的省区差距分析》，《人口研究》2006年第2期。

93. 王晓军：《中国基本养老保险的地区差距分析》，《社会保障研究》2005年第2期。

94. 翁士洪：《整体性治理及其在非结构化社会问题方面的运用——以西藏林芝地区"希望工程"政策运作为例》，《甘肃行政学院学报》2009年第10期。

95. 吴蓓、徐勤：《城市社区长期照料体系的现状与问题——以上海为例》，《人口研究》2007年第3期。

96. 吴红梅、王春婷：《整体性治理视域下养老保险问题的棘手性分析与系统思考》，《社会主义研究》2012 年第 2 期。

97. 吴红梅：《整体性治理视野下中国社会养老保险政策碎片化的体制逻辑》，《社会保障研究》2013 年第 5 期。

98. 吴湘玲：《我国区域基本养老保险协调发展研究》，武汉大学出版社 2006 年版。

99. 肖金萍：《公正视域下农村社保险制度构想》，《社会科学战线》2010 年第 8 期。

100. 熊跃根：《论国家、市场和福利之间的关系：西方社会政策理念发展及其反思》，《社会学研究》1999 年第 3 期。

101. 杨方方：《中国转型期社会保障中的政府责任》，《中国软科学》2004 年第 8 期。

102. 杨燕绥、李学芳：《中国养老金政策存在的问题与立法对策》，《河北学刊》2010 年第 3 期。

103. 姚俊：《从职业群体到公共领域——社会团结视域下当代中国公德塑造的路径分析》，《南京社会科学》2014 年第 9 期。

104. 姚远：《对我国家庭养老弱化的文化诠释》，《人口研究》1998 年第 5 期。

105. 叶托、李金珊、杨喜平：《碎片化政府：理论分析与中国实际》，《中国宁波市委党校学报》2011 年第 2 期。

106. 岳宗福：《新中国 60 年社会保障行政管理体制的变迁》，《安徽史学》2009 年第 5 期。

107. 曾凡军：《从竞争治理迈向整体治理》，《学术论坛》2009 年第 9 期。

108. 曾凡军、韦彬：《整体性治理：服务型政府的治理逻辑》，《广东行政学院学报》2010 年第 2 期。

109. 曾维和：《当代西方"整体政府"改革：组织创新及方法》，《上海交通大学学报》2008 年第 5 期。

110. 翟四虎、何德旭：《不断完善城镇职工基本养老保险制度——来自陕西省的调查》，《红旗文稿》2005 年第 24 期。

111. 翟志远：《公共服务供给中的主体间关系——基于中国的多案例

研究与比较》，浙江大学博士学位论文，2012 年。

112. 张弧、谢金林：《政府食品监管职能缺失的体制分析及其治理策略——基于整体性治理的视角》，《重庆工商大学学报》（社会科学版）2013 年第 2 期。

113. 张丽：《完善基本养老保险制度无须另起炉灶——访国家发改委就业和分配收入司司长孔泾源》，《中国社会保障》2005 年第 7 期。

114. 张士斌：《日本社会养老保障制度变革对我国的启示》，《开放导报》2010 年第 2 期。

115. 张秀兰、方黎明、王文君：《城市家庭福利需求压力和社区福利供给体系建设》，《江苏社会科学》2010 年第 2 期。

116. 张秀兰、徐月宾：《建构中国的发展型家庭政策》，《中国社会科学》2003 年第 6 期。

117. 张志勋、叶萍：《论我国食品安全的整体性治理》，《江西社会科学》2013 年第 10 期。

118. 赵石强：《整体政府：政府改革的新谋划》，《北京城市学院学报》2010 年第 4 期。

119. 郑秉文：《改革开放 30 年中国流动人口社会保障的发展与挑战》，《中国人口科学》2008 年第 5 期。

120. 郑秉文：《机关事业单位养老金并轨改革：从碎片化到"大一统"》，《中国社会科学报》2015 年第 1 期。

121. 郑秉文：《实现全国统筹是基本养老保险制度刻不容缓的既定目标》，《理论前沿》2008 年第 18 期。

122. 郑秉文、史寒冰：《试论东亚地区福利国家的"国家中心主义"特征》，《中国社会科学院研究生学报》2002 年第 2 期。

123. 郑秉文：《中国社保"碎片化制度"危害与"碎片化冲动"探源》，《甘肃社会科学》2009 年第 3 期。

124. 郑秉文：《中国社会保险"碎片化制度"危害与碎片化冲动探源》，《社会保障研究》2009 年第 1 期。

125. 郑功成：《从地区分割到全国统筹——中国职工基本养老保险制度深化改革的必由之路》，《中国人民大学学报》2015 年第 3 期。

126. 郑功成：《东亚地区社会保障模式论》，《中国人民大学学报》

2012 年第 2 期。

127. 郑功成：《全国统筹：优化养老保险制度的治本之计——关于我国职工基本养老保险地区分割统筹状况的调查》，《光明日报》2013 年 7 月 23 日。

128. 郑功成：《深化中国养老保险制度改革顶层设计》，《教学与研究》2013 年第 12 期。

129. 郑功成：《实现全国统筹是基本养老保险制度刻不容缓的既定目标》，《理论前沿》2008 年第 18 期。

130. 郑瑞强、李霞、胡凯：《全民医保目标下经办管理现状审视与发展对策》，《华中农业大学学报》2011 年第 4 期。

131. 钟洪亮：《从碎片化到一体化：回应性治理的民生实践》，《南华大学学报》（社会科学版）2008 年第 8 期。

132. 周沛：《福利国家和国家福利——兼论社会福利体系中的政府责任主体》，《社会科学战线》2008 年第 2 期。

133. 周志忍、蒋敏娟：《中国政府跨部门协同机制探析——一个叙事与诊断框架》，《公共行政评论》2013 年第 1 期。

134. 周志忍：《整体政府与跨部门协同》，《中国行政管理》2008 年第 9 期。

135. 竺乾威：《从新公共管理到整体性治理》，《中国行政管理》2008 年第 10 期。

136. 左停、巨源园、徐小言：《福利多元主义与我国农民的养老福利转换》，《人文杂志》2015 年第 8 期。

三 外文文献类：

1. Alan Pifer and Lydia Bronte: "Introduction: Squaring the Pyramid", in Our Aging Society: Paradox and Promise, Alan Pifer and Lydia Bronte, eds. New York: W. W. Norton, 1986.

2. Andrew Collier. Christianity and Marxism: A Philosophical Contribution to Their Reconciliation. Routlege, 2001.

3. David Gordon, etc. Poverty and Social Exclusion in Britain, York: Joseph Rowntree Foundation.

4. Gladden. E. N. A History of Public Administration. London: Frank Cass, 1972.

5. Harold L. Wilensky, Charles N. Lebeaux. Industrial Society and Social Welfare, The Free Press, 1958.

6. Johnson, N. Mixed Economics of Welfare: A Comparative Perspective. London: Prentice Hall, 1999.

7. Johnson, N. The Welfare State in Transition: The Theory and Practice of Welfare Pluralism. Amherst: University Massachusetts Press, 1987.

8. Jurgen Habermas. Theory and Practice, Translated by John Vietel, Beacon Press, 1973.

9. Lieberthal, Kenneth G. & David M. Lampton. Bureaucracy, Politics and Decision: Making in Post-Mao China. Berkeley: University of California Press, 1992.

10. Lieberthal, Kenneth (1992) "Introduction: The "Fragmented Authoritarianism" Model and its Limitations", In Lieberthal Kenneth, Lampton David, Bureaucracy, Politics and Decision Making in Post-Mao China, Berkeley: University of California Press.

11. Mariana Prado, Michael Trebilock, "Path Dependence, Development, and the Dynamics of Institutional Reform", University of Toronto Law Journal, 2009.

12. Marshall, T. H. Citizenship and Social Class. University of Minnesota Press, 1950.

13. Niskanen, William A. Bureaucracy: Servant or Master? London: Institute of Economic Affairs, 1973.

14. Owen Hughs. Public Management and Administration: An Introduction, Macmillan Press LTD., ST. Martins Press Inc, 1998.

15. Patric Dunleavy. Digital Era Governance: IT Corporations, the State, and E-Government. Oxford University Press, 2006.

16. Perri 6. Hoslistic Government. London: Demos, 1997.

17. Perri 6. D. Leat, K. Seltzer, & G. Stoker. Governing in the Round: Strategies for Holistic Government. London: Demos Press, 1999.

18. Perri 6. Diana Leat. Kimberly Seltzer and Gerry Stoker. Towards Holistic Governance: the New RefoRm Agenda. New York: Palgrave, 2002.

19. Perri 6. Governing by Cultures. London: Demos Press, 1995.

20. Perri 6. Towards Holistic Governmence: The new reform agenda. London: Palgrave Press, 2002.

21. Perri 6. D. Leat, K. Seltzer, & G. Stoker (2002). Towards holistic governance: The new reform agenda. London: Palgrave Press, 2002.

22. Pollitt, Christopher. Managerialism and the Public Service: Cuts or Cultural in the 1990s. Oxford: Basil Blackwell, 1993.

23. Ponsioen. J. Social Welfare Policy: Contribution to Theory. The Hogue: Mouton, 1962.

24. R. Rose. Common Goals but Different Roles: The State's Contribution to the Welfare Mix on Reseach Gate. Oxford: Oxford University Press, 1986.

25. Richard A. Musgrave. The Theory of Public Finance: A Study of Public Economy. New York: McGraw-Hill Company, 1959.

26. Richard L. Edwards. Encyclopedia of Social Work, 19th ed. Washington D. C. NASW Press, 1999.

27. Riehard Musgrave. The Theory of Public Finance, New York: Megraw–Hill, 1959.

28. Salamon, L. M. & H. K. Anheier. The Emerging Nonprofit Sector: An Overview. Manchester: Manchester University Press, 1996.

29. Johnson, N. Problems for the Mixed Economy of Welfare. In Alan Ware & Robert E. Goodin (Ed), Need and Welfare, London: Sage, 1990.

30. Sullivan, H. , & C. Skelcher. Working Across Boundaries: Collaboration in Public Services. London: Palgrave Press, 2002.

31. Titmuss R. M. ; Abel-Smith B. Social Policy: An Introduction. London: George Allen, 1974.

32. W. Beveridge. Social Insurance and Allied Services. London: HMSO, 1942.

33. Walker Robert. Social Security and Welfare: Concepts and Comparisons. Open University Press, 2005.

34. Wong, L. J. Marginalization and Social Welfare in China. London: New York: Routledge /LSE, 1998.

35. Andren Di Maio. Move "Joined-Up Government" From Theory to Reality. Industry Reseach, 2004.

36. Batley, R.: Public-Private Relationships and Performance in Service Provision. Urban Studies, 1996.

37. Christopher Pollitt. Joined-up Government: a Survey. Political Studies Review, 2003.

38. Evers, A. & Wintersberger, H. (eds). Shifts in the Welfare Mix: Their Impact on Work, Social Services and Welfare Policies. Eurosocial, Vienna, 1988.

39. Head. B W. Wicked Problems in Public Policy. Public Policy, 2008.

40. Holmes, M. and Shand, D. Management Reform: Some Practitioner Perspectives on the Past Ten Years. Goverance, 2010.

41. Hood, Christopher. A Public Management for All Seasons?, Public Administration, 1991.

42. Lan Holliday and Paul Wilding (eds). Welfare Capitalism in East Asia: Socialism Policy in the Tiger Economics. Basingstoke: Palgrave Macmillan, 2003.

43. Lan Holliday. Productivist Welfare Capitalism: Social Policy in East Asia, Political Studies, 2000.

44. Leach, R., & J. Percy-Smith. Local Governance in Britain. London: Palgrave Press, 2001.

45. Olson. A Model of Eldercare in the People's Republic of China, International Journal of Aging and Human Development, 1987.

46. Poyee Hanson. The Urban Future: New Policies and Issues, Journal of Housing, 1987.

47. Rittel, Horst W. J.; Melvin M. Webber. "Dilemmas in a General Theory of Planning". Policy Sciences, 1973.

48. Robert Alan Dahl. The Science of Public Administration, Public Administration Review, 1947.

49. Maslow, A., 1943, A Theory of Human Motivation, Psychological Review, 1973.

50. Pope John XXIII Medical—Moral Research, Education Ctr, and Workshop for Bishops of the United States and Canada, Scarce Medical Resources and Justice, Pope John Center, 1987.

51. Tang, M. "Financing Compulsory Education in China: Establishing a Substantial and Regularized Scheme of Intergovernmental Grants". Harvard China Review, 2002.

52. Tom Ling. Delivering Joined-up Government in the UK Dimensions, Issues and Problems. Public Administration, 2002.

53. Winnie Chi-Man Yip, William C. Hsiao, Wen Chen, Shanlian Hu, Jin Ma, and Alan Maynard. "Early Appraisal of China's Huge and Complex Health-care Reform", Lancet, 2012.